La Cattedrale di Ferrara

Berenice Giovannucci Vigi

La Cattedrale di Ferrara

Electa

Avvertenza

Introduzione
La breve introduzione storica che apre il volume ripercorre sinteticamente le vicende dell'edificazione della Cattedrale; elenca inoltre i rifacimenti e i restauri cui il tempio fu sottoposto nel corso della sua storia plurisecolare.

La visita
La seconda parte della guida è preceduta da una presentazione del quadro urbano in cui è inserito il monumento e propone un itinerario schematico - esterno, atrio, fianco destro, abside, fianco sinistro - comprendente tutte le opere d'arte e gli arredi di qualche rilievo conservati nel tempio.

Apparati
La terza parte comprende: la descrizione delle opere conservate nel Museo della Cattedrale; una esauriente cronologia; una bibliografia ampia quanto aggiornata; un indice biografico degli artisti che nelle varie epoche contribuirono a conferire alla chiesa il suo aspetto attuale.

Fotocomposizione dei testi
e riproduzione delle immagini:
Bassoli Olivieri Prestampa, Milano

© 1992 by **Electa**, Milano
Elemond Editori Associati
Tutti i diritti riservati

Sommario

7 Introduzione storica
9 La visita
39 Apparati
40 Il Museo della Cattedrale
52 Cronologia
55 Bibliografia
57 Indice degli artisti

Introduzione storica

La prima "cattedrale" di Ferrara fu la chiesa di San Giorgio, situata oggi al limite sud-orientale della città, nell'antico borgo omonimo, dove intorno alla metà del VII secolo venne trasferita la sede vescovile dall'antica, vicina Voghenza.

All'inizio del XII secolo un insieme di ragioni di carattere politico, religioso, urbanistico e di sicurezza militare indusse a erigere una nuova cattedrale nella zona del borgo nuovo, a est dell'antico *castrum* bizantino e a nord del corso del Po, dove si andava addensando la crescita edilizia della città.

Si trovarono concordi nel promuovere questa importantissima iniziativa il vescovo Landolfo, i consoli e la cittadinanza ferrarese, uniti nella volontà di celebrare così la propria autonomia religiosa e politica; concretamente visibile nell'espressione più grandiosa del proprio prestigio, quale sarebbe stata la costruzione del nuovo duomo, elemento urbanistico intorno al quale far ruotare poi tutta la città.

Le complesse vicende della fondazione della cattedrale, recentemente analizzate nella non facile lettura dei documenti medievali, si inserirono nel contesto di un'azione svolta insieme dal vescovo Landolfo e dal libero Comune per sottrarsi alla dipendenza della Chiesa metropolitana di Ravenna a favore di una dipendenza globale dalla Chiesa di Roma.

Il 30 settembre 1132, a Pisa, papa Innocenzo II consegnò al vescovo, ai consoli e al popolo di Ferrara il breve di concessione per l'erezione del nuovo duomo, che sarebbe sorto su un terreno dato in possesso dalla comunità ferrarese alla Santa Sede e posto sotto la protezione apostolica.

Nella pagina accanto, la parte centrale della facciata con il portale di Nicholaus.
A fianco, la chiesa di San Giorgio, che fu la prima cattedrale di Ferrara. La sua facciata attuale differisce profondamente da quella originale a causa dei rimaneggiamenti settecenteschi cui il tempio fu sottoposto.

Da questa veduta aerea del centro di Ferrara (in primo piano il Castello Estense; in alto, all'estrema destra, la torre del Palazzo Municipale che sorge di fronte alla Cattedrale) si desume il ruolo di "perno urbanistico" rivestito dal tempio nell'ambito della vita politica e sociale della città.

Negli anni tra il 1133 e il 1136 il cantiere per l'edificazione della cattedrale era già stato aperto ed era già iniziata la prima fase dei lavori. L'8 maggio 1177, in occasione della presenza di Alessandro III a Ferrara per un convegno con i collegati della Lega lombarda, venne solennemente consacrato l'altar maggiore.

Su questo periodo iniziale della costruzione del più importante e significativo edificio di Ferrara restano ancora aperti non pochi problemi, tra i quali: il giusto significato da dare all'anno 1135, inciso nell'iscrizione niccoliana del protiro; l'eventuale ruolo di Nicholaus quale architetto nella progettazione iniziale; il reale stato di edificazione della costruzione prima degli interventi duecenteschi.

La cattedrale è giunta alla realtà attuale attraverso l'avvicendarsi nei secoli di aggiunte, modifiche e restauri che hanno completamente mutato l'assetto interno, oltre a smembrare e a disperdere gran parte dell'arredo originario.

La visita

Arrivati in piazza Cattedrale, lungo corso Martiri della Libertà, lasciando alle spalle la poderosa mole del Castello Estense, il centro cittadino si presenta delimitato in tutta la sua monumentalità. Di fronte al duomo la facciata del palazzo del Municipio, risultato di un ampio rifacimento in stile trecentesco degli anni 1924-27, termina sull'angolo di via Cortevecchia con la torre della Vittoria, che ospita all'interno la dannunziana statua di Arrigo Minerbi raffigurante *La Vittoria del Piave*.
Perfettamente in asse con il portale maggiore della cattedrale si apre il voltone d'ingresso al palazzo Municipale, detto "vòlto del Cavallo": a sinistra una colonna settecentesca, assemblata con le lapidi sepolcrali del cimitero ebraico, sostiene la statua bronzea di *Borso d'Este*; a destra l'elegantissimo arco rinascimentale, opera di Bartolomeo di Francesco su disegno di Leon Battista Alberti, sostiene il *Monumento equestre di Niccolò III*. Entrambe le sculture, eseguite nel 1927 dallo Zilocchi, sono copie degli originali realizzati fra il 1451 e il 1453 da Nicolò Baroncelli, Antonio di Cristoforo e Domenico di Paris.
Al di là del vòlto la struttura architettonica del palazzo del Municipio si amplia con l'elegante facciata, riedificata nel 1738 per volontà di Francesco III d'Este, duca di Modena.
Sta di fronte a questa facciata il *palazzo Arcivescovile*, che subì una radicale trasformazione nel 1718-20 ad opera dell'architetto romano Tommaso Mattei, su commissione del cardinale Ruffo, primo arcivescovo di Ferrara. Il prospetto è arricchito da un grandioso portale a due colonne con capitelli corinzi che sorreggono la trabeazione con timpano curvilineo spezzato, sul quale si innesta il balcone con la finestra a porta, fastosamente incorniciata da stucchi decorativi.
Dal loggiato interno si accede al piano nobile del palazzo attraverso lo scalone a doppia rampa, con decorazioni a stucco del Ferreri e di Filippo Suzzi; nel soffitto un affresco allegorico del bolognese Vittorio Bigari. Nei saloni dell'appartamento arcivescovile, dove soggiornò Napoleone nel 1796, si trovano importanti dipinti provenienti per lo più da chiese soppresse.
Dal palazzo Arcivescovile si può accedere direttamente all'atrio della cattedrale, attraverso gli ambienti al di sopra dell'ampio voltone ribassato che collega la piazza con la via Adelardi, lungo il fianco settentrionale della chiesa.

In basso a destra: la facciata in stile trecentesco del palazzo del Municipio.
Qui sotto: il palazzo Arcivescovile visto da piazza Cattedrale e il cosiddetto vòlto del Cavallo con il monumento equestre di Niccolò III d'Este, copia novecentesca dell'originale risalente alla metà del XV secolo.

Legenda

1. portale maggiore
2. portali minori
3. atrio d'ingresso
4. accesso al Museo
5. cappella della Madonna delle Grazie
6. altare di San Filippo Neri
7. altare di Sant'Antonio da Padova
8. altare di San Maurelio
9. altare di San Giuseppe
10. altare della Beata Vergine della Colonna
11. altare di San Lorenzo
12. altare del Crocifisso
13. zona presbiteriale
14. zona absidale
15. abside
16. cappella del Santissimo Sacramento
17. altare della Vergine Addolorata
18. altare di Tutti i Santi
19. altare del Crocifisso ligneo
20. altare di San Giorgio
21. altare di San Luigi Gonzaga
22. altare di San Tommaso d'Aquino
23. cappella del Battistero
24. campanile

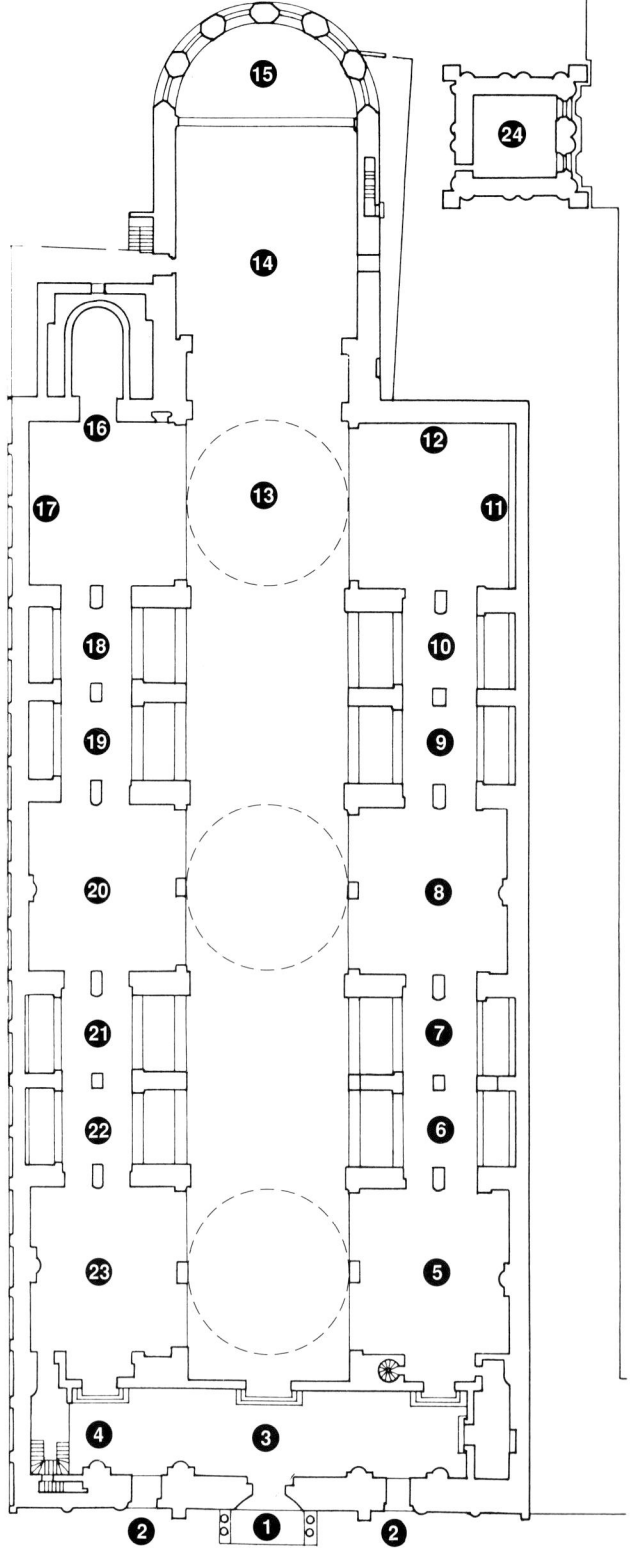

La facciata

Qui sotto, particolare della prima galleria trilobata della facciata.
In basso, raffronto fra la facciata del Duomo di Modena (opera di Lanfranco, XII secolo) e quella della Cattedrale di Ferrara. Da notare l'analogia dei poderosi contrafforti che le scandiscono entrambe.

In origine la solenne facciata, oggi tripartita da due poderosi contrafforti cuspidati e intramezzati da fasci di colonnine, era probabilmente monocuspidata, secondo il modello lanfranchiano del duomo di Modena.

La zona inferiore fino alla prima galleria trilobata, incluso il maestoso portale, costituisce il primitivo nucleo romanico. Le trifore della prima galleria poggiano su colonnine a sezione quadrangolare e sono incluse in profondi archi a sesto acuto, ognuno dei quali contiene un tondo colmato da un complesso traforo. La loro successione forma un loggiato percorribile, che isola il paramento marmoreo esterno dal cotto di fondo.

La seconda loggia, di tipologia gotica, è raccordata alla parte inferiore da pilastrini a fascio; anche qui la sequenza delle arcatelle ad arco acuto mantiene l'andamento tripartito.

Infine, le tre imponenti cuspidi che coronano la facciata presentano quattro arcate acute, profondamente strombate da modanature digradanti e chiuse sul fondo da bifore traforate. Al centro di ogni cuspide, tre profondi oculi a traforo riprendono, accentuandolo, il motivo della loggia originaria. La cimasa delle cuspidi è alleggerita dalle loggette ad archetti rampanti a sesto acuto, con colonnine binate.

Nella lunetta del portale maggiore, coevo alla fondazione della basilica, la raffigurazione di *San Giorgio che uccide il drago* sembra quasi irrompere dai limiti spaziali. Qui si legge scolpita l'iscrizione latina che proclama la gloria dello scultore Niccolò:
ARTIFICEM GNARUM Q(UI) SCULPSERIT HEC NICHOLAUM / HUC CURRENTES LAUDENT P(ER) SEC(U)LA GENTES
("Niccolò, l'artista preclaro che quest'opera scolpì /nei secoli loderanno i visitatori").

I pilastri digradanti del portale, in parte a spigolo in parte cilindrici, sono riccamente istoriati con figurazioni fantastiche e grottesche, talvolta mostruose, difficilmente interpretabili; a sinistra si scorgono inoltre le immagini dell'*Arcangelo Gabriele* e dei profeti *Geremia e Daniele*, a

Sopra, dall'alto in basso: una cuspide di facciata con le logge e due particolari delle figure allegoriche scolpite negli stipiti del portale maggiore.
A fianco: la lunetta del portale maggiore con San Giorgio che uccide il drago, capolavoro di Nicholaus.

destra quelle di *Maria Vergine* e dei profeti *Isaia ed Ezechiele*. Gli stipiti presentano alti capitelli fogliacei completati all'interno da due cariatidi grottesche, mentre l'architrave è decorato con sette episodi del Nuovo Testamento, delimitati da archetti e narrati con primitiva semplicità e freschezza. Da sinistra verso destra la *Visitazione*, la *Natività*, l'*Annuncio ai pastori*, i *Re Magi* (in due parti), la *Presentazione al Tempio*, la *Fuga in Egitto*, il *Battesimo di Gesù*.
Nei pennacchi del protiro antistante, le immagini di *San Giovanni Evangelista* e di *San Giovanni Battista* alludono all'*Agnus Dei* posto alla sommità dell'ampia arcata a tutto sesto, rifinita da una cornice a rosette. L'arcata è sorretta da *leoni con telamoni stilofori*, su cui poggiano due coppie di colonne. I leoni attuali sono copie degli originali che si trovano nell'atrio e che, per motivi di staticità, furono sostituiti nel 1829-30 dall'ingegnere comunale Giovanni Tosi.
Sopra l'arcata, la loggia a tre bifore traforate è forse frutto della rielaborazione duecentesca della facciata; qui si trova la terracotta della *Madonna col Bambino*, di recente attribuita a Michele da Firenze (prima metà del Quattrocento).
Nel timpano triangolare che sovrasta la loggia e nell'ampia trabeazione è rappresentato – unico esempio figurativo in Italia – il *Giudizio universale*. L'anonimo autore, attivo intorno alla metà del Duecento, mostra di essersi profondamente ispirato all'arte, diffusa a livello europeo, degli scultori delle grandi cattedrali gotiche francesi. Il Cristo giudice, inserito nella mandorla cosmica, è affiancato da due angeli con gli strumenti della Passione, da san Giovanni Battista e da Maria Vergine; lungo gli spioventi si vedono due angeli che reggono la corona sul capo del Cristo e i Vegliardi dell'Apocalisse. Nel fregio sottostante la

*A fianco, il portale di Nicholaus, la loggia e il timpano sovrastante, con il ciclo scultoreo del Giudizio universale.
Al centro, particolare del Giudizio con la schiera dei beati e dei dannati.
In basso: nella lunetta di destra continua la raffigurazione del Giudizio con il tema dei demoni che gettano i dannati nel fuoco e nelle fauci di Lucifero.*

Sopra: la statua di Alberto V d'Este, inserita nel 1393 in una nicchia a destra della facciata. Fu il marchese Alberto V a ottenere da papa Bonifacio VIII la bolla di erezione dell'Università (4 marzo 1391). Sotto: Il busto bronzeo di papa Clemente VIII corona il timpano che incornicia una lapide commemorativa.

Resurrezione dei morti, con le schiere dei beati e dei dannati divise dagli angeli che dànno fiato alle trombe. Più in basso ancora, nei pennacchi di raccordo con la loggetta, i corpi dei risorti scoperchiano quattro avelli.
La rappresentazione continua nelle lunette ogivali adiacenti alla prima galleria: a sinistra, Abramo accoglie in grembo gli eletti; a destra, i demoni gettano i dannati nel fuoco e nelle fauci di Lucifero.
Il portale minore destro è coronato da una cornice rotonda che ospita la cosiddetta "Madonna Ferrara", imago clipeata in marmo pario di origine romana. Ancora a destra, una nicchia cuspidata accoglie la statua di *Alberto V d'Este*, collocata qui nel 1393 per volere della cittadinanza in memoria del viaggio compiuto dal marchese a Roma nel 1391. In questa occasione Alberto V si assicurò definitivamente il dominio feudale estense e ottenne da Bonifacio VIII la bolla di erezione dell'Università. Il testo della Bolla papale, redatto nella Basilica vaticana il 4 marzo 1391, è scolpito nella lapide marmorea a destra della statua.
Sul lato sinistro dell'altro portale minore, sopra l'edicola in marmo con iscrizione ottocentesca (copia dell'originale bronzeo), si vede il busto, sempre in bronzo, di *Clemente VIII*. Il vigoroso ritratto del pontefice, opera dello scultore modenese Giorgio Albenga, risale al 1601 e commemora l'ingresso che Clemente VIII fece a Ferrara nel 1598 per ripristinarvi il governo temporale della Chiesa. Rimosso durante l'occupazione francese, fu ricollocato al suo posto nel 1843.

Il fianco meridionale

Il fianco meridionale fu concepito verosimilmente fin dall'origine come una seconda facciata, in armonia con le esigenze urbane e sociali del duomo. Sopra il porticato delle botteghe si succedono venti arcate a tutto sesto, che racchiudono le trifore della prima galleria romanica. Gli archetti poggiano su colonnine singole e binate, i cui capitelli (come quelli, assai più elaborati, delle semicolonne addossate alle lesene) sono di fattura niccoliana.
La seconda galleria, di gusto gotico venezianeggiante, è costituita da una serie di arcatelle a ritmo quaternario, con archi a sesto rialzato poggianti su colonnine accoppiate. Le colonnine, con capitelli diversi, sono di vari tipi: tortili, intrecciate, a zigzag, a nastro e, talvolta, decorate con diversi motivi. Sopra questa galleria, i tre innalzamenti coronati dal timpano lineare si devono alla ristrutturazione interna operata nel Settecento. Esattamente a metà fiancata della cattedrale si vedono i resti dell'arcata superiore di un grandioso portale, detto tradizionalmente "Porta dei Mesi" perché era decorato con cicli di formelle raffiguranti i lavori agricoli propri di ogni mese dell'anno.

*A fianco, particolare delle arcate a tutto sesto che racchiudono le trifore lungo la fiancata meridionale.
Sotto, particolare della seconda galleria, di gusto gotico-venezianeggiante. Da notare l'eleganza e la varietà dei capitelli e delle colonnine accoppiate.*

Chiuso nel 1717, fu totalmente demolito nel 1737; parte delle formelle, scolpite dal Maestro dei Mesi di Ferrara intorno al terzo decennio del Duecento, si trovano oggi nel Museo della Cattedrale. Del portale originario, iniziato da Nicholaus e dalla sua bottega e completato quasi un secolo dopo con le formelle, sono rimasti i due *grifi* e i due *leoni* stilofori in marmo rosso che si vedono sul sagrato antistante la cattedrale. I grifi dovevano sorreggere le colonne del primo piano e i leoni quelle del secondo piano del pronao.
Lungo l'intera fiancata della cattedrale sorge il *portico delle botteghe*, anticamente chiamato "Loggia dei Merciai" perché ospitava i banchi di vendita di stoffe, drappi e "strazzerie". Risale alla prima metà del Trecento; l'originaria struttura lignea, distrutta da un incendio, fu ricostruita in muratura nel secolo successivo. Nel 1844, in seguito a problemi di staticità, l'ingegnere comunale Giovanni Tosi ne progettò la ristrutturazione, ma alla fine del 1845, costruite le prime tre arcate in un discutibile stile neogotico, il restauro venne interrotto.

*Sopra, uno dei Grifi provenienti dalla Porta dei Mesi e oggi collocati sul sagrato della cattedrale.
A fianco, i resti murali della Porta dei Mesi, che si apriva al centro del fianco meridionale.
Sotto, la Loggia dei Merciai. Nell'Ottocento la compromessa statica della loggia indusse Giovanni Tosi, ingegnere comunale, a progettarne la ricostruzione in un discutibile stile neogotico; fortunatamente il rifacimento si arrestò alle prime tre arcate (all'estrema sinistra nella foto).*

Il fianco settentrionale

Il vòlto ribassato che unisce la cattedrale con il Palazzo arcivescovile immette in via Guglielmo degli Adelardi (già via Gorgadello); di qui la fiancata del duomo si presenta in uno scorcio tanto ardito quanto suggestivo. Dalla zoccolatura settecentesca di pietra bianca si innalzano i profili delle mezze colonne addossate alle lesene. Diciotto arcate racchiudono le trifore, che in origine formavano un loggiato continuo, al di sotto del quale la cornice marmorea è seguita dall'andamento di archetti in laterizio.

Al termine della fiancata, verso l'abside, sono ancora ben visibili le conseguenze del terremoto del 1570, mentre dopo le prime quattro arcate la cornice davanzale si abbassa e le trifore sono sostenute da colonnine doppie con capitelli differenziati.

Su questo fianco si aprivano in origine due porte, poi murate. L'una (nella nona campata) era detta "Porta del Giudizio", perché di qui i morti erano portati al cimitero adiacente, soprannominato Cortilazzo; se ne può ancora vedere l'archivolto a risalto con foglie e foglioline. Dell'altra (nella diciassettesima campata) resta invece il profilo a tutto sesto fortemente rialzato, poggiante su pulvini marmorei.

Veduta d'insieme del fianco settentrionale, la cui poderosa struttura costeggia via degli Adelardi.

L'abside

Se, proseguendo lungo il fianco settentrionale, si percorre un breve tratto di via Bersaglieri del Po per ritornare in piazza Trento e Trieste, si scorge, purtroppo seminascosta da costruzioni più recenti, l'elegante abside semicircolare realizzata negli anni 1498-1500 da Biagio Rossetti. L'architetto ducale, impegnato già da sei anni nell'impresa dell'Addizione Erculea, ideò la conclusione della pianta romanica della cattedrale inglobando l'antica absidiola in un vano rettangolare di struttura solenne e maestosa, in semplice laterizio. L'impianto a due ordini è scandito da due ricchi cornicioni di terracotta a stampo, che evidenziano orizzontalmente la verticalità delle dodici arcate cieche inferiori e superiori, impostate su capitelli marmorei, lisci in alto e scanalati con brevi volute ioniche in basso.

Veduta dell'esterno dell'abside, opera rinascimentale di Biagio Rossetti.

Il campanile

Guardando da piazza Trento e Trieste (chiamata anticamente di San Crispino), parte dell'abside rossettiana è nascosta dalla mole quadrangolare del campanile, rivestito per intero di marmi veronesi bianchi e rossi.
Nei quattro ordini della torre campanaria, sottolineati da cornicioni marcapiano aggettanti, si inseriscono su ogni lato arcate binate molto allungate, con archivolto a fasce sorretto da capitelli corinzi. La zoccolatura del basamento, in parte interrato per l'innalzamento del piano della piazza, porta scolpiti i simboli degli Evangelisti: l'*Angelo* per Matteo, il *Toro* per Luca, il *Leone* per Marco e l'*Aquila* per Giovanni.
Nella vela tra le due arcate fu inserito nel 1466 il busto clipeato del *San Maurilio benedicente*, mentre sotto la trabeazione del secondo ordine vennero sistemati gli scudi araldici estensi.
La costruzione del campanile, decisa nel 1412 da Niccolò III d'Este, fu diretta nella sua prima fase da Nicolò da Campo, che si avvalse di scultori e muratori di provenienza veneta. Interrotti, forse per mancanza di fondi, nel 1419, i lavori ripresero solo nel 1454 per iniziativa di Borso d'Este e sotto la direzione di Pietro Benvenuti degli Ordini e di Cristoforo del Cossa, e determinarono il compimento del primo ordine (1458). Il secondo, cui lavorarono i fratelli Rasconi, fu terminato nel 1466; il terzo, frutto della collaborazione fra Giacomo Rasconi e lo scultore Gabriele Frisoni da Mantova, fu

intrapreso nel 1483 e ultimato nel 1490. La costruzione del quarto, prevista per il 1494 e affidata allo stesso Rasconi, si interruppe subito, forse anche per il violento terremoto del 1495; fu ripresa solo nel 1579, sotto il duca Alfonso II, su disegno del pittore ferrarese Giuseppe Mazzuoli, detto il Bastarolo. I lavori, affidati all'architetto ducale Giovanbattista Aleotti, si arrestarono di nuovo nel 1598. In seguito, con la devoluzione di Ferrara allo Stato della Chiesa, il governo pontificio non trovò né la volontà né i mezzi per portare a termine la costruzione del campanile. Soltanto verso la fine del Settecento vennero presi in esame diversi progetti di completamento; parte di questi, mai realizzati, sono conservati nel Museo della Cattedrale. Nel 1845 Ferdinando Canonici avanzò nuove proposte per completare la cuspide, ma anche queste non furono mai realizzate.

È largamente accettata l'ipotesi di Adolfo Venturi, avanzata nel 1917 su basi stilistico-formali, di un contributo di Leon Battista Alberti all'ideazione del campanile. Tuttavia questa attraente ipotesi non ha trovato alcuna conferma nella pur vasta documentazione storica e archivistica ferrarese.

A fianco, veduta generale del campanile la cui costruzione intrapresa nel 1412, non fu mai terminata. Dei molti progetti di completamento elaborati nel corso dei secoli resta ampia documentazione nel Museo della Cattedrale.
Sopra, in alto, particolare del basamento: tra le arcate binate, lunghe e strette, si vede il busto clipeato di San Maurelio.
Sotto, particolare del modello ligneo realizzato nel 1790 da Giovanni Benetti.

L'atrio

Per entrare nella cattedrale si attraversa un ampio atrio, realizzato nel secondo decennio del Settecento da Francesco Mazzarelli per la necessità di dare maggiore stabilità alla facciata.
A fianco dell'ingresso centrale si trovano, come abbiamo detto, i *leoni* e i *telamoni* con colonne annodate provenienti dal protiro della facciata. Sono opera di Nicholaus e della sua bottega, come anche il *vitulo stiloforo* (a sinistra dell'ingresso minore destro), l'*acquasantiera* con quattro testine (all'estrema sinistra) e alcuni resti marmorei appesi ai muri dell'atrio, tra i quali il *Cristo trionfante sugli animali demoniaci*, lastra mutila proveniente dalla "Porta dei Mesi".
Dal cimitero della Certosa provengono i due importanti *sarcofagi* a destra e a sinistra della porta maggiore. Quello di destra, in marmo greco, fu realizzato nel V secolo da maestranze romano-ravennati e raffigura *Cristo tra gli Apostoli*; quello di sinistra è l'*arca di Bonalberto de' Bonfaldi*, canonico della cattedrale e maestro di diritto morto nel 1354, e mostra sul parapetto il professore in cattedra attorniato dai discepoli.

A fianco, i leoni e i telamoni stilofori provenienti dal portale maggiore e oggi sistemati nell'atrio.
Sotto, l'arca trecentesca di Bonalberto de' Bonfaldi, raffigurato al centro del parapetto mentre tiene lezione.

L'interno

Dall'atrio si passa all'interno, oggi a tre ampie navate, le cui arcate sono scandite da possenti pilastri e intersecate da altrettanti bracci trasversali. L'incrocio della navata centrale con i bracci trasversali è coperto da tre calotte emisferiche, situate a intervalli regolari lungo l'asse mediano. L'interno attuale deriva dai radicali rifacimenti voluti dal cardinale Dal Verme e ideati dall'architetto Francesco Mazzarelli: iniziati nel 1712 e terminati nel 1728 con la consacrazione del nuovo tempio a opera del cardinale Ruffo, essi trasformarono la cattedrale (in origine a cinque navate, con soffitto ligneo a carena) secondo il gusto dell'epoca. Il progetto del Mazzarelli non toccò la crociera del transetto, che nel 1636, su ordine del cardinale Magalotti, l'architetto ravennate Luca Danesi aveva ampliato con due grandi cappelle dalla volta a botte. Rimase intatta anche la zona absidale rossettiana.
Dal 1720 al 1746, le numerose nicchie aperte nelle cappelle laterali e nei pilastri mediani vennero collocate numerose *statue* raffiguranti santi

A fianco, l'interno, radicalmente ristrutturato nel primo Settecento.
Qui sotto e in basso, particolari delle decorazioni ad affresco ottocentesche, opera di Alessandro Mantovani e di Virginio Monti.

fondatori di ordini religiosi, patroni di collegi e di corporazioni di arti e mestieri, santi cari alla devozione popolare i cui altari erano stati eliminati.
A partire dal 1880 l'interno della cattedrale fu decorato secondo un progetto iconografico complessivo ideato dal canonico Pietro Merighi. Il tema principale degli affreschi è l'esaltazione di *Maria Vergine e Cristo Re quali soccorritori di Ferrara mediante l'intercessione dei suoi patroni san Giorgio e san Maurelio*. La realizzazione del programma decorativo fu affidata al pittore ferrarese Alessandro Mantovani e, per la parte figurativa, al suo allievo Virginio Monti, che si servirono di numerosi collaboratori, impegnati per un decennio quasi esclusivamente in cattedrale. Sui pilastri laterali della porta principale si trovano i resti di due affreschi trasportati su tela, con le figure intere di *San Pietro* e *San Paolo*. Eseguiti da Benvenuto Tisi da Garofalo per la chiesa soppressa di San Pietro Apostolo, furono acquistati dall'arcivescovo Girolamo Crispi e qui collocati in cornici di stucco nel 1745.
Sopra, nelle nicchie del muro di controfacciata, si vedono le statue in marmo di *San Giorgio* e di *San Maurelio*: scolpite a Venezia dal bellunese Giovanni Marchiori, giunsero a Ferrara per via d'acqua nel 1746, donate dal Magistrato dei Savi.
Le acquasantiere di fianco all'ingresso principale sono due splendidi *Angeli* a grandezza naturale in marmo bianco di Carrara, scolpiti nel 1745, secondo le linee formali del più armonioso rococò, da Andrea e Ferdinando Vaccà, artisti non altrimenti noti.

In alto, l'immagine ad affresco di San Paolo, opera del Garofalo.
Sopra, la statua di San Giorgio, di Giovanni Marchiori (1746).
A fianco: i due eleganti Angeli acquasantiera di Andrea e Ferdinando Vaccà, notevoli esempi di gusto rococò.

L'altare della Madonna delle Grazie

All'inizio della navata destra si vede il santuario della Beata Vergine delle Grazie. La costruzione dell'altare di marmi preziosi fu intrapresa nel 1720 su disegno dell'architetto Agapito Poggi. Quattro colonne policrome sorreggono la trabeazione e un timpano spezzato su cui, nel 1734, furono posti gli *Angeli*, i *Serafini* e i *Putti* realizzati da Andrea Ferreri. Lo stesso artista, di origine milanese, eseguì gli ornati ad altorilievo intorno all'affresco, tradizionalmente ritenuto quattrocentesco, della *Madonna col Bambino*. Detta popolarmente "Madonna del Cantone", l'immagine si trovava sul muro interno di facciata dell'antica cattedrale; fu fatta tagliare dal cardinale Ruffo e collocata sul nuovo altare nel marzo 1734.
Solennemente incoronata nel 1779, la Madonna delle Grazie, per la quale la venerazione dei ferraresi è documentata fin dal 1570, fu dichiarata patrona principale della città da Pio IX nel 1849. Nel 1878 la cappella fu affrescata in vista delle imminenti celebrazioni per il centenario dell'Incoronazione; Luigi Samoggia eseguì gli ornati e Alessandro Guardassoni le figure. Sui muri di fianco all'altare, i ritratti di *San Pio V papa*, fautore della preghiera del SS. Rosario, e di *Sant'Alfonso de' Liguori*, Dottore della Chiesa e divulgatore del culto mariano, sono opera di Virginio Monti (1887).

La Madonna delle Grazie, che nel 1849 papa Pio IX dichiarò patrona principale di Ferrara. Nel 1734 questa figura affrescata, probabilmente quattrocentesca, era stata staccata dal muro interno di facciata dell'antica cattedrale e collocata nell'attuale altare, di preziosi marmi policromi.

L'altare di San Filippo Neri

La seconda ancona di marmo presenta ornati eseguiti da Andrea Ferreri tra il 1720 e il 1728, anni della costante e vasta attività dello scultore in cattedrale.

Sull'altare la pala con il *San Filippo Neri in estasi*, dipinta nel 1735 dal veronese Stefano Torelli, figlio e allievo del più celebre Felice, per incarico del cardinale Ruffo. Le statue delle nicchie, la *Santa Brigida* a destra e il *San Nicola di Bari* a sinistra, sono in stucco modellato dal ferrarese Alessandro Turchi. Sotto l'arcata mediana prospiciente la cappella, le statue, sempre in stucco, di *Sant'Egidio* e di *Sant'Andronico* furono realizzate da Giuseppe Ferreri fra il 1740 e il 1746 su commissione dell'Arte degli argentieri e orefici.

Stefano Torelli, San Filippo Neri in estasi (1735).

L'altare di Sant'Antonio da Padova

L'ancona di marmo, sulla cui cimasa si vedono nubi con serafini e i simboli della Trinità, si deve allo scultore padovano Angelo de' Putti, attivo a Ferrara nella prima metà del Settecento e noto soltanto per le quattro statue di Santi che ornano le nicchie della facciata della chiesa di San Carlo.
L'ancona e la pala d'altare che essa contiene provengono entrambe dalla chiesa soppressa di Santa Caterina Martire. Il dipinto, opera di Sebastiano Filippi detto il Bastianino, autore anche della decorazione ad affresco del catino absidale, raffigura *La Vergine in gloria e le Sante Barbara e Caterina*, stilisticamente collocabile verso il 1565; in questo periodo l'artista mostra una stretta aderenza al linguaggio raffaellesco, unito ad un plasticismo tosco-romano intenerito da un'ardente spiritualità monacale.
Ai lati dell'altare, le statue in stucco di *Sant'Antonio da Padova* e di *San Michele Arcangelo*, opera di Andrea Ferreri. Il *San Crispiniano* e il *San Crispino* sotto l'arcata mediana davanti alla cappella furono realizzati, sempre in stucco, da Luigi Turchi detto il Turchetto, e donati alla cattedrale dall'Arte dei calzolai, di cui i due santi sono patroni.

Bastianino, Vergine in gloria con le sante Barbara e Santa Caterina (1565 ca.).

L'altare di San Maurelio

Nel braccio destro della crociera mediana, il grandioso altare in marmo rosso e giallo, arricchito degli oranti con *Angeli*, *Putti* e *Serafini* di Andrea Ferreri, è dedicato al coprotettore di Ferrara San Maurelio, vescovo della città.
Il martirio di San Maurelio è il tema della grande pala realizzata nel 1735 dal veronese Felice Torelli su commissione del cardinale Ruffo. Il pittore, tra i migliori allievi della scuola bolognese di Gian Gioseffo Dal Sole (1654-1719), si esprime qui con toni di scenografica magniloquenza celebrativa. Nelle nicchie in alto, ai lati dell'ancona, si vedono le statue in stucco di *San Luca Evangelista* e di *San Raffaele Arcangelo*, fatte eseguire da Pietro Turchi a spese del Collegio dei filosofi e dei medici dell'Università. Sotto, a destra, la tela raffigurante *San Lorenzo martire, San Francesco stimmatizzato e il ritratto del committente*, di Ippolito Scarsella, detto lo Scarsellino (1610 ca.); a sinistra, la tavola con *Santa Caterina in contemplazione della Santissima Trinità*, in origine nella soppressa chiesa di Sant'Anna, eseguita da Giovan Francesco Surchi, detto il Dielaì, verosimilmente nel periodo 1581-1586.
L'intera decorazione ad affresco di questa zona della crociera mediana fu realizzata nel 1888 da Virginio Monti su disegno di Alessandro Mantovani, in memoria del giubileo sacerdotale di papa Leone XIII. Fra l'altro, sulle pareti laterali si vedono i finti stendardi, rappresentativi di quattro parrocchie cittadine, con *San Benedetto, Santa Francesca Romana, San Gregorio* e l'*Annunciazione*.

In alto, Felice Torelli, Il martirio di San Maurelio (1735). A fianco, Ippolito Scarsella, detto lo Scarsellino, San Lorenzo e San Francesco stimmatizzato con l'immagine del committente.

L'altare di San Giuseppe

Sul quinto altare marmoreo, dovuto allo scultore veronese Angelo Ringhieri, poggia la pala raffigurante *Il transito di San Giuseppe*. La tela fu dipinta per incarico del canonico Fioravanti, segretario del cardinale Dal Verme, dal ferrarese Giacomo Parolini fra il 1716-1717 (il biennio in cui venne riedificata la cappella), e il 1725 (l'anno di morte del Fioravanti, qui sepolto). Memore delle suggestioni del bolognese Giuseppe Maria Crespi (1665-1747), il dipinto non è privo di piacevolezza, soprattutto nel gruppo degli angeli in alto, ma i colori originali appaiono assai offuscati.
Ai lati dell'ancona, le statue di *Sant'Anna* e di *San Gioacchino* di Andrea Ferreri, sono le uniche realizzate in marmo per le nicchie e i pilastri delle cappelle; furono tinteggiate a stucco per armonizzarle con le altre.
A destra, sotto l'arcata mediana, il *San Fedele da Sigmaringa*, scolpito da Pietro Turchi a spese dei Padri cappuccini; a sinistra il *Sant'Andrea Avellino*, di Giuseppe Ferreri.

L'altare della Beata Vergine della Colonna

Nell'ancona del sesto altare, in una ricca cornice marmorea con due angioletti adoranti, si trova la *Madonna della Colonna*. Questa immagine ad affresco della Vergine col Bambino, oggetto di devozione popolare fin dal Trecento, è tradizionalmente attribuita a Gelasio di Nicolò della Masnada (metà del Duecento) e si trovava un tempo sulla terza colonna della navata centrale, a destra entrando dal portale maggiore. In seguito ai rifacimenti interni dovuti al disastroso terremoto del 1570 fu fatta staccare dal vescovo Fontana per essere trasportata (1590) nella cappella del SS. Sacramento; poi, quando l'antica porta dello Staro fu murata, venne trasferita dal cardinale Leoni sull'altare eretto al suo posto e solennemente incoronata nel 1626. Infine, dopo la radicale ristrutturazione settecentesca (1746) fu collocata sull'altare attuale, probabile opera di Angelo Ringhieri. Oggi la sacra immagine appare purtroppo molto deteriorata.
Nelle nicchie laterali le statue in gesso di *Santa Francesca Romana* e di *San Bernardo Tolomei*, opera di Andrea Ferreri; sotto l'arcata mediana, davanti alla cappella, il *San Giovanni Nepomuceno* di Pietro Turchi (a destra) e il *San Quirino cardinale* del fratello Alessandro (a sinistra).

L'altare di San Lorenzo

Tre scalini portano al braccio destro del vasto transetto secentesco; qui è stato collocato l'altare in cui fu sepolto il cardinale Lorenzo Magalotti, morto nel 1637. Nell'ancona marmorea, la pala con il *Martirio di San Lorenzo*, opera di Giovan Francesco Barbieri detto il Guercino. A commissionarla nel 1628 per una sua cappella privata a Roma fu lo stesso Magalotti che, nominato vescovo di Ferrara nel marzo di quell'anno, la portò con sé, sistemandola in via provvisoria nel Palazzo arcivescovile. Dopo la ristrutturazione della parte absidale della cattedrale, affidata a Luca Danesi, e l'improvvisa morte del cardinale, la pala, ritoccata dal maestro centese, fu sistemata su questo altare. Le figure sono disposte con bilanciata gradazione di piani intorno al santo, emotivamente illuminato dal riflesso delle braci ardenti. Nell'alta cimasa dell'altare, animata da putti e angeli, si apre un oculo con *Cristo benedicente*. Questo, come gli altri busti in terracotta dei *Dodici Apostoli* sistemati nelle nicchie intorno ai bracci del transetto, fu eseguito intorno al 1524-25 da Alfonso Lombardi. Le sculture, destinate alla soppressa chiesa di Santa Maria Maddalena a Bologna, furono acquistate e donate alla cattedrale dal cardinale Riminaldi; nel 1771, al momento di collocarle in loco, vennero dipinte in policromia dal ferrarese Giuseppe Antonio Ghedini.

Giovan Francesco Barbieri, detto il Guercino, Martirio di San Lorenzo. L'opera, commissionata nel 1628 dal cardinale Lorenzo Magalotti per la sua cappella privata a Roma, venne trasferita a Ferrara nel corso dello stesso anno, in seguito alla sua nomina a vescovo della città.

L'altare del Crocifisso

Quando, nel 1678, il cardinale Cerri fece costruire l'altar maggiore "alla romana", l'architetto Carlo Pasetti fu incaricato di erigere, con marmi di recupero, un nuovo altare in fondo alla navata destra. Avrebbe dovuto ospitare le cinque grandi statue bronzee poste sull'architrave, sostenuto da tre archi, che si trovava davanti all'antico altare. Le sculture raffigurano *Cristo crocifisso*, la *Madonna Addolorata, San Giovanni, San Giorgio e San Maurelio*; commissionate nel 1451 a Nicolò Baroncelli, furono compiute alla sua morte dal figlio Giovanni e dal cognato Domenico di Paris, suoi abituali collaboratori. Il gruppo del Crocifisso con la Madonna e San Giovanni è disposto in modo da formare un Calvario e lascia trasparire, nel saldo modellato non privo di forza espressiva, la formazione brunelleschiana dello scultore fiorentino, attento anche alle novità dell'arte di Donatello. Il padovano Domenico di Paris, invece, realizzò con minuziosa preziosità di particolari il San Giorgio e il San Maurelio vescovo, protettori della città. Sotto il gruppo bronzeo fu collocato nel 1955 il *monumento funebre dell'arcivescovo Ruggero Bovelli*, lavorato in marmo bianco dal ferrarese Ulderico Fabbri.

Nicolò Baroncelli e Domenico di Paris, sculture bronzee dell'altare del Crocifisso disposte oggi a Calvario.

La zona absidale

Il presbiterio conduce al monumentale *altar maggiore* settecentesco e alla zona absidale. Sulla parete di destra si vede la *lapide commemorativa di Clemente XI*, con il busto del papa di profilo in stucco, inserito in un ovale di paragone nero sostenuto da due putti reggicortina. Di fronte, sulla parete opposta, la *tomba di papa Urbano III*, morto a Ferrara nel 1187: fu sistemata qui nel 1712, quando venne rialzata la pavimentazione della tribuna.
Al di sopra, le due *cantorie* gemelle in legno policromo, con festoni di fiori e frutti e gli stemmi del cardinale Ruffo; disegnate dell'architetto Agapito Poggi, furono intagliate nel 1731 dallo svizzero Cassiano Oler, che realizzò anche il *Crocifisso con i putti* collocato nella sagrestia dei Mansionari, alla base del campanile.
Lungo l'intera curva absidale si snoda il grande *coro* a tre ordini di stalli, commissionato nel 1501 dal duca Ercole I d'Este a Bernardino Canozi da Lendinara per l'esecuzione dei pannelli intarsiati, a Pietro Rizzardi e a Sebastiano Rigone per l'approntamento delle strutture lignee. Alla morte del Canozi (1507) l'incarico passò al figlio Daniele e dopo varie traversie gli stalli trovarono compimento nel 1524.
Mancava ancora, al centro del coro, la cattedra vescovile, compiuta negli anni 1531-33 da Ludovico da Brescia e Luchino di Francia e realizzata in conformità agli

stalli precedenti, ma secondo il rinnovato gusto manierista. Nelle tarsie dei dossali superiori, inframezzati da colonnine scanalate, si vede una serie di prospettive urbane (parte delle quali facilmente riconoscibili, come lo scalone ducale del Palazzo del Municipio, opera di Pietro Benvenuti) e alcune nature morte, tratte dal tradizionale repertorio iconografico a intaglio; in particolare si distingue, in un armadio aperto, il braccio reliquario di san Maurelio, conservato nel Museo della Cattedrale. Le tarsie dei due ordini inferiori, invece, ripetono temi costanti, tra cui il rettangolo composto di "diamanti" accostati e, soprattutto, il riquadro con la granata, un

A fianco, la parte centrale del coro ligneo riccamente scolpito dai Canozi di Lendinara (1501-1524). La cattedra vescovile è invece opera posteriore di Ludovico da Brescia e di Luchino di Francia (1531-1533). In basso, tre tarsie con prospettive urbane dei dossali superiori del coro. Quella di destra rappresenta lo scalone del Palazzo del Municipio, opera di Pietro Benvenuti.

Sopra, la decorazione a stucco cinquecentesca del semicerchio absidale.
Nella pagina a fronte, sopra: Bastianino, il Giudizio universale raffigurato nel catino absidale. Sotto, un particolare dell'affresco, senza dubbio il capolavoro dell'artista ferrarese, che nel realizzarlo si ispirò all'omonima rappresentazione michelangiolesca.

globo da cui fuoriescono lingue di fuoco, impresa del duca Alfonso I d'Este.
Sopra il coro ligneo, il semicerchio absidale presenta una vasta decorazione a stucco, inframezzata dalle sei finestre rossettiane. Fu realizzata nel biennio 1583-84, sotto la direzione dell'architetto Alberto Schiatti, da Agostino Rossi e da Vincenzo Bagnoli, e preziosamente indorata da Giulio Bongiovanni e da Paolo Monferrato. Inserite in grandi ovali con cornici floreali, arricchite da festoni di frutta e sorrette da due atletici angeli, si vedono le immagini a figura intera di *San Giorgio*, di *San Maurelio* e dei *Quattro Evangelisti*.
Alla decorazione a stucco, che serve a definire lo spazio della curvatura muraria, si era cominciato a pensare fin dal 1580, anno in cui il pittore Sebastiano Filippi, detto il Bastianino, terminò di affrescare il catino absidale con il *Giudizio universale*. Di chiara ispirazione michelangiolesca, questa grandiosa orchestrazione di corpi è senza dubbio il capolavoro dell'artista ferrarese: qui egli "dispiega tutta la potenza del suo singolare ingegno, rivelando una fantasia, una forza drammatica, un anticonformismo e persino una certa ambiguità" (Francesco Arcangeli) che ne definiscono la grandezza e la modernità.

La visita La zona absidale 31

La cappella del Santissimo Sacramento

A sinistra dell'abside si apre la cappella del Santissimo Sacramento. In origine a forma di absidiola, fu modificata tra il 1498 e il 1507, quando Biagio Rossetti creò la crociera. Nel suo aspetto attuale presenta la decorazione del 1720: l'altare è in marmi policromi, lavorati dal veronese Angelo Ringhieri; i *Serafini*, i *Putti* e due *Angeli adoranti* ai lati del tabernacolo sono invece opera di Andrea Ferreri. L'ancona racchiude la pala con *L'ultima cena* di Giacomo Parolini, dipinto sempre ammirato dalla storiografia locale, ma oggi in cattivo stato di conservazione. L'armoniosa disposizione delle figure su diversi piani è messa in risalto dalla pennellata liquida e luminosa di questo artista, protagonista indiscusso della pittura ferrarese della prima metà del Settecento.

Sulla parete di destra si vede la tela raffigurante la *Madonna col Bambino, San Francesco e San Rocco*, dipinta intorno al 1620 da Francesco Naselli, pittore più noto come copista.

A sinistra, invece, si trova il quadro di Giuseppe Caletti con *San Carlo Borromeo, Santa Teresa e San Giuseppe* (1650 ca.), proveniente dalla soppressa chiesa di San Nicolò.

Sopra la balaustra, appeso all'arco d'ingresso della cappella, spicca il singolare *lampadario* secentesco in legno dorato, realizzato da Filippo Porri secondo i canoni del più ricercato gusto barocco.

La cappella del Santissimo Sacramento, veduta d'insieme.

L'altare della Vergine Addolorata

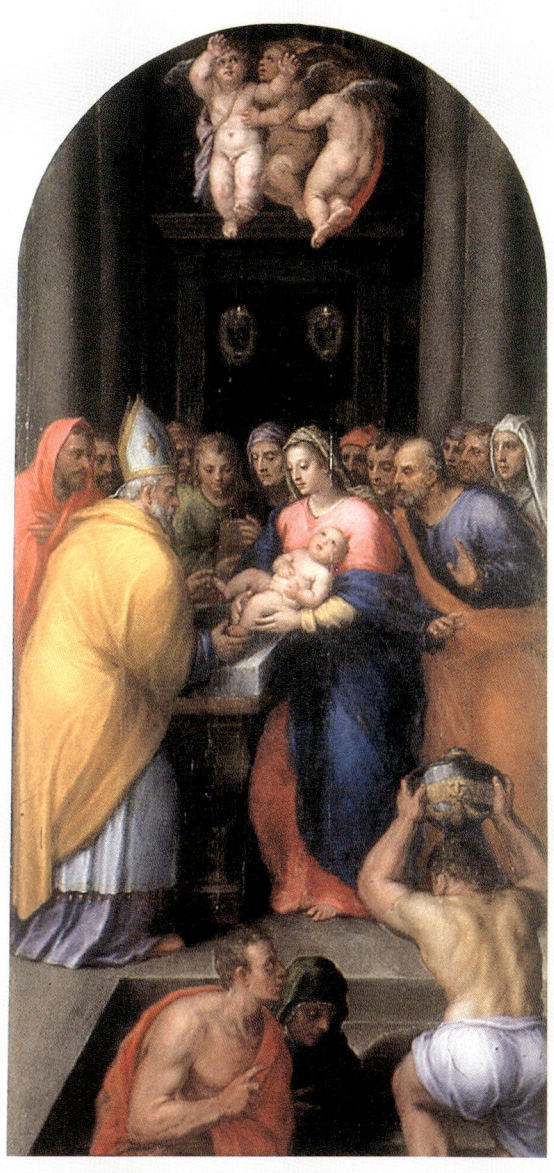

Bastianino, Circoncisione del bambino Gesù. La pala, che fino al 1785 sormontava l'altare della Vergine Addolorata, è oggi visibile nella Pinacoteca Nazionale di Ferrara.

Nel transetto, sul primo altare marmoreo della navata sinistra, opera del veronese Pietro Puttini (1759) e caratterizzato da quattro colonne tortili in breccia rossa, si erge la statua ottocentesca della *Madonna Addolorata*, scolpita da un non meglio identificato Graziani di Faenza.
La sommità del timpano dell'ancona è arricchita da due *Angeli* scolpiti da Pietro Turchi.
Fino al 1785 si vedeva su questo altare la pala con la *Circoncisione* del Bastianino, oggi conservata nella locale Pinacoteca Nazionale.

L'altare di Tutti i Santi

Discesi i gradini del transetto ci si trova davanti all'altare trasportato qui nel 1879 dalla soppressa chiesa di Sant'Andrea. Nell'ancona, una tavola del bolognese Francesco Francia raffigura *L'incoronazione della Vergine e la gloria di tutti i Santi*. La luminosa composizione, eseguita intorno al primo decennio del Cinquecento, svolge un po' convenzionalmente il tema dell'Incoronazione all'interno della mandorla, simbolo della *Maiestas Domini* e richiamo all'arcobaleno dell'Apocalisse. Sotto, in primo piano, tra i santi disposti con una certa enfasi devozionale, sta un bimbo a terra, martire innocente.

Nelle nicchie laterali, le statue in stucco di *Santa Scolastica* e di *San Benedetto*, eseguite in collaborazione dai fratelli Pietro e Alessandro Turchi. Sotto l'arcata mediana, a destra, il *San Francesco d'Assisi* considerato l'opera migliore di Alessandro Turchi, fu scolpito su incarico dei Padri minori conventuali di San Francesco; a sinistra, il *Sant'Ignazio di Loyola* di Giuseppe Ferreri.

Sopra, la statua di San Francesco d'Assisi, opera di Alessandro Turchi.
A fianco, l'Incoronazione della Vergine e Santi, di Francesco Francia.

L'altare del Crocifisso ligneo

Su questo altare, il terzo della navata sinistra, già dedicato a santa Caterina, poggia un *Crocifisso* in legno patinato e dipinto della fine del Trecento. La storiografia locale lo attribuisce ad Antonio da Ferrara, scultore non altrimenti noto. Sembra che il Crocifisso si trovasse in origine sopra l'architrave davanti all'antico altar maggiore, dove fu sostituito nel 1453 dalle cinque statue di bronzo oggi collocate in fondo alla navata destra.
Nelle nicchie ai lati dell'altare, le statue in gesso di *San Giovanni Battista* e di *Sant'Antonio Abate* sono di Giuseppe Ferreri.
Nei pilastri dell'arcata mediana davanti alla cappella si trovano due statue in stucco di Pietro Turchi: a destra *Santa Caterina Vigri*, a sinistra il *Beato Giovanni da Tossignano*, forse l'esito migliore dell'arte del Turchi.

L'altare di San Giorgio

La decapitazione di San Giorgio, grande pala del bolognese Ercole Graziani (1735).

Nel braccio della crociera mediana, il grandioso altare raffrontato a quello di San Maurelio è in marmi rossi e gialli, abbellito da *angeli*, *putti* e *serafini* scolpiti da Andrea Ferreri negli anni 1720-28.
La grandiosa pala con la *Decapitazione di San Giorgio*, patrono di Ferrara, è opera del bolognese Ercole Graziani, che la realizzò nel 1735 su incarico del cardinale Ruffo. Il giovane san Giorgio, rivestito dell'armatura, accentra tutto il movimento della composizione, illuminata da un raggio soprannaturale. In primo piano il corpo senza vita di sant'Alessandra, martirizzata sotto Diocleziano (300 ca.).
Nelle nicchie ai lati dell'altare, le statue in stucco di *Sant'Ivo di Bretagna* e di *San Dionigi Areopagita* furono commissionate nel 1745 dal Collegio dei Dottori *utriusque juris* (cioè in diritto civile e in diritto canonico) al bolognese Lorenzo Sarti. Il Sarti, però, è solo autore del Sant'Ivo, mentre il San Dionigi si deve al suo collaboratore Filippo Suzzi, che realizzò anche le decorazioni a stucco dello scalone del Palazzo arcivescovile.
Sotto le nicchie si trovano due dipinti: a destra, *Lo sposalizio della Vergine*, compiuto da Nicolò Roselli intorno al 1570 e proveniente dalla demolita chiesa dell'Ospedale di Sant'Anna; a sinistra, la tavola con la figura della Madonna con le mani giunte levate al cielo, detta *Madonna liberatrice*, dipinta dal Garofalo nel 1532, quale ex voto per la cessazione della peste che dal 1528 gravava sulla città.
Anche qui, come per la simmetrica cappella di san Maurelio, l'intera decorazione ad affresco fu ideata da Alessandro Mantovani ed eseguita da Virginio Monti nel periodo 1882-84. Notevoli, sulle pareti laterali, i finti stendardi con *San Matteo*, *Santo Stefano*, *San Michele Arcangelo* e *San Paolo*, santi titolari di quattro altre parrocchie della città.

L'altare di San Luigi Gonzaga

Sull'altare di marmo della quinta cappella a sinistra si trova la pala con la *Madonna col Bambino e i Santi Silvestro, Maurelio, Girolamo e Giovanni*, eseguita dal Garofalo per l'altar maggiore della soppressa chiesa di San Silvestro. La tavola è datata MDXXIIII sul piedistallo marmoreo e firmata nel cartiglio che il San Giovanni indica con la destra.
L'artista riprende qui il solenne impianto compositivo della *Madonna del Pilastro* (oggi nella locale Pinacoteca Nazionale), enfatizzando i personaggi in una dimensione prettamente devozionale ma vibrante di atmosfera naturalistica nei colori intensi e luminosi.
Nelle nicchie laterali, le statue in stucco di *San Francesco di Paola* e di *San Luigi Gonzaga*, opera di Pietro Turchi, furono donate alla cattedrale dai Padri Minimi di San Francesco di Paola e dagli allievi delle Scuole del Gesù.
Sotto l'arcata mediana di fronte alla cappella, il *San Pellegrino Laziosi* e il *San Filippo Benizzi*, modellati da Alessandro Turchi.

Madonna col Bambino e i Santi Silvestro, Maurelio, Girolamo e Giovanni. Eseguita dal Garofalo nel 1524, questa tavola proviene dall'altar maggiore della soppressa chiesa di San Silvestro a Ferrara.

L'altare di San Tommaso d'Aquino

Sul sesto altare di marmo, realizzato con festoni e serafini da Andrea Ferreri tra il 1720 e il 1728, si vede la pala con *Il miracolo di San Tommaso d'Aquino*, commissionata nel 1735 dal cardinale Ruffo al pittore veneto Mattia Bortoloni. Dello stesso artista, uno tra i migliori allievi del veronese Antonio Balestra, rimane a Ferrara, nella chiesa di San Domenico, un *Transito della Vergine*.

Nelle nicchie laterali, *San Pio V* e *San Benedetto XI*, statue in stucco di Giuseppe Ferreri commissionate dai Padri predicatori di San Domenico. Sempre del Ferreri, che qui diede probabilmente il meglio di sé, sono il *San Severo vescovo* e il *San Romano martire* situati sotto l'arcata mediana davanti alla cappella.

Mattia Bortoloni, Miracolo di San Tommaso d'Aquino. La pala risale al 1735 e fu commissionata all'artista dal cardinal Ruffo.

La cappella del Battistero

L'elaborata struttura neogotica dell'ultima cappella della navata sinistra fu ideata nel 1875 da Luigi Crivellucci; l'esecuzione materiale venne invece affidata allo scultore Gaetano Davia e al marmorista Francesco Leoni. La sua funzione era quella di ospitare il singolare fonte battesimale a forma ottagonale, scavato in un unico blocco di marmo e istoriato su tutti i lati di decorazioni allegoriche a bassorilievo, tra cui l'*Agnello vessillifero*, insegna del Capitolo metropolitano. La critica più recente data l'opera, realizzata su modelli bizantini del V-VI secolo, al primo Duecento.

Sull'edicola che corona il Battistero si vede il vasto dipinto raffigurante il *Battesimo di Gesù nelle acque del Giordano*, opera del ferrarese Prospero Piatti (1879).

Sulle pareti laterali sono affrescati due episodi, sempre ispirati al sacramento del battesimo, della vita di *San Francesco Saverio* e di *San Pietro Claver*, entrambi missionari.

La cappella del Battistero, realizzata in stile neogotico, con il dipinto di Prospero Piatti raffigurante il Battesimo di Gesù nelle acque del Giordano (1879). In basso il fonte battesimale, risalente con tutta probabilità al primo scorcio del XIII secolo.

Apparati

Il Museo della Cattedrale

Nato per iniziativa di Giuseppe Agnelli, allora bibliotecario della Biblioteca Comunale Ariostea e presidente della società Ferrariae Decus, il museo fu inaugurato il 27 novembre 1929. Alla sua realizzazione contribuirono finanziariamente il Capitolo metropolitano, il municipio di Ferrara, la "Ferrariae Decus" e alcuni privati.

Le opere d'arte, di varia provenienza, vennero sistemate nell'unico, ampio salone, già adibito a magazzino, situato al piano sovrastante l'atrio della cattedrale, dove ancora oggi si trova il museo.

A sinistra dell'atrio, lungo la scala di accesso si vedono incorniciati i disegni dei quattro progetti settecenteschi elaborati per completare il campanile del duomo, iniziato nel 1412 e lasciato incompiuto nel 1598. Di essi, uno reca il nome dell'architetto Antonio Foschini, sul cui disegno fu realizzato da Giovanni Benetti il grande modello ligneo del campanile posto in cima alla scala.

Di fronte, la bella tela con la *Sacra Famiglia* di Giuseppe Cesari, detto il Cavalier d'Arpino: giunse da Roma al seguito del cardinale Crispi, legato pontificio. Il dipinto (post 1610), appartiene alla maturità dell'artista.

Entrando nel salone, sulla parete destra in alto si vedono tre tavole raffiguranti *San Giorgio*, la *Madonna col Bambino* e *San Maurelio*, che formavano il dossale dell'antico altar maggiore del duomo. Attribuite ora all'Ortolano, ora a Girolamo da Carpi, ora al Dosso, vanno più propriamente considerate opera di un anonimo ferrarese della prima metà del Cinquecento.

Nella vetrina sottostante è racchiuso il prezioso *paliotto* per l'altar maggiore, in filigrana d'oro zecchino; al centro il medaglione raffigurante *San Giorgio che uccide il drago*. Fu realizzato a Roma nel 1893 per incarico del cardinale Luigi Giordani.

La successiva pala d'altare con la *Pietà e angeli* fu dipinta nel 1576 da Domenico Mona per la sagrestia dei Canonici. In questa tela, considerata la più prestigiosa del pittore ferrarese, appare evidente il riflesso di esperienze manieristiche tosco-romane mediate dagli Zuccari e dal Barocci. Al centro della parete destra dominano le *ante* dell'antico organo del duomo, eseguite nel 1469 da Cosmè Tura. A sportelli chiusi le quattro tele davano vita alla potente raffigurazione di *San Giorgio che uccide il drago*, mentre a sportelli aperti mostravano l'*Annunciazione dell'Angelo a Maria*. Nel 1735 gli sportelli furono tolti dalla loro collocazione originale e appesi ai muri laterali del coro. Foderati e intagliati, vennero ritoccati arbitrariamente a olio sulla tempera originale dal ferrarese Giovan Battista Cozza. Durante l'ultima guerra questi capolavori, insieme a molte altre importanti tele, furono nascosti in un ricovero a Cento e

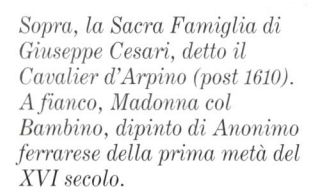

Sopra, la Sacra Famiglia di Giuseppe Cesari, detto il Cavalier d'Arpino (post 1610). A fianco, Madonna col Bambino, dipinto di Anonimo ferrarese della prima metà del XVI secolo.

opportunamente restaurati nel 1949. Il telaio settecentesco, che aveva ridotto le dimensioni laterali della pittura alterandone il calibrato impianto architettonico rinascimentale, fu sostituito; il ritorno alla dimensione originaria comportò la reintegrazione, effettuata mediante una coloritura più chiara, delle parti dipinte andate perdute nel poco accorto rimaneggiamento del 1735.
La rappresentazione della principessa terrorizzata, colta nell'attimo della fuga, costituisce uno dei momenti creativi più alti del pittore ferrarese; "la fantasia del Tura, con lucida asprezza pungente, ci offre dell'episodio agiografico una favola legata a una sua originale visione e insieme all'ambiente cavalleresco della corte estense" (M. Salmi).
La potenza del san Giorgio si esaspera a dorso di un ferrigno cavallo, scattante e aggressivo, vivacemente trattenuto a valle del monte, cinto di rosse mura turrite, che incombe sulla scena.
Nell'*Annunciazione* la Vergine e l'Angelo, inseriti in un'ariosa architettura mantegnesca, vibrano di un'umanità inquieta, che si riflette negli elementi decorativi ricchi di un realismo bizzarro e arguto.
Ai lati delle tempere turiane sono esposti due *cappucci di piviale* del Cinquecento, ricamati in oro e seta. A destra, il cappuccio con la *Fede trionfante sull'Eresia* è quanto resta del piviale donato dalla regina Margherita d'Austria in occasione delle sue nozze con Filippo di Spagna, celebrate in cattedrale nel 1598. A sinistra, il cappuccio con la *Discesa dello Spirito Santo* faceva parte del piviale indossato nello stesso anno dal vescovo Fontana per andare a ricevere papa Clemente VIII al suo ingresso in Ferrara.
Sopra le ante di Cosmè Tura, a un'altezza eccessiva per il visitatore ma inevitabile vista la tipologia dell'ambiente, sono collocati tre arazzi con le *Storie di San Giorgio*, e sulla parete di fronte altri cinque con la *Decollazione di San Giorgio* e le *Storie di San Maurelio*. Eseguiti a Ferrara tra il 1551 e il 1553 dal fiammingo Giovanni Karcher, gli otto arazzi sono il più perfetto lavoro decorativo eseguito dalle celebri manifatture estensi. I disegni preparatòri per l'esecuzione degli arazzi si devono a Camillo Filippi e al Garofalo.
Proseguendo, si vede un altorilievo marmoreo con il *Cristo benedicente*, attribuito a maestranze campionesi della prima metà del Duecento: si trovava sopra l'antico fonte battesimale, da dove fu rimosso nel 1735.
Sempre sulla parete destra sono esposte le formelle marmoree del pulpito eretto nel 1515 presso il quinto altare a destra della navata mediana della cattedrale e demolito nel 1716 nel corso dei rifacimenti interni del duomo. Per costruire il pulpito erano stati utilizzati marmi più antichi, due-

In alto, Pietà e Angeli, di Domenico Mona (1576). Sopra, particolare delle ante d'organo di Cosmè Tura raffigurante San Giorgio; sotto, particolare della figura della principessa. Le tele del Tura subirono varie traversie: nel 1735 furono tolte dalla loro sede originaria, foderate, intagliate e ritoccate dal pittore ferrarese Giovan Battista Cozza; durante l'ultima guerra vennero trasferite a Cento e, nel 1949, sottoposte a un restauro che permise anche di recuperarne le dimensioni originali.

Particolari delle ante d'organo di Cosmè Tura raffiguranti l'Annunciazione dell'Angelo a Maria.

centeschi, decorati a rilievo. Dalla zona decorativa superiore provengono le quattro formelle più piccole: la *Croce con la testa del Redentore*, la *Presentazione al Tempio*, l'*Agnello mistico* e l'*Unicorno*. Della parte inferiore facevano invece parte tre formelle più grandi; le due superstiti raffigurano *Un contadino e un soldato* e *La vendemmia*.
Costituivano le estremità laterali del prospetto di una piccola arca gli altorilievi raffiguranti *San Cosma* e *San Damiano*, entrambi di giovanile aspetto, con le spalle coperte dal vaio dottorale e in mano il vasetto dei medicamenti. Sono opera della metà del Duecento.
Da alcune tombe demolite durante i rifacimenti interni settecenteschi provengono tre immagini di santi ad altorilievo, databili tra la fine del Duecento e l'inizio del Trecento: il *San Giacomo apostolo* con il Vangelo e il bastone di pellegrino, il *San Maurelio vescovo*, coprotettore di Ferrara, e il *San Giovanni Battista* con l'Agnello mistico.

Al di sotto di questi tre santi si trova una lastra marmorea con *raffigurazione bestiaria*, a rilievo piuttosto piatto e condotto con rustica popolarità, probabile opera di maestranze ravennati dell'inizio del secolo IX.
Sempre ravennati, ma dell'VIII secolo ca., sono ritenuti i due *prospetti marmorei* ricurvi che facevano parte di un ambone proveniente da Voghenza. L'iscrizione dei bordi superiori ricorda un certo GEORGIVS EPISCOPVS, identificabile con il vescovo omonimo vissuto nell'VIII secolo. La decorazione a bassissimo rilievo, divisa in quattro riquadri da motivi fitomorfi, mostra figurazioni stilizzate di animali e piante.
A questo punto della visita si fa ingresso nella saletta detta "dei Mesi": essa raccoglie le sculture provenienti dalla porta monumentale di cui abbiamo già descritto le vicende. Le formelle superstiti, ad altorilievo o quasi a tutto tondo, sono opera pregevolissima del cosiddetto "Maestro dei Mesi di Ferrara" e furo-

no realizzate intorno al terzo decennio del Duecento, in occasione del completamento, o forse del rifacimento, del portale originario iniziato da Nicholaus e dalla sua bottega.
La Porta dei Mesi era decorata con una serie di figurazioni, disposte probabilmente su due fasce parallele a ornamento del protiro, insieme ad altre fasce le cui formelle presentavano le costellazioni o altri soggetti ispirati ai mesi dell'anno.
Il *Giano bifronte* simboleggia gennaio; *La potatura e la preparazione delle carni suine* febbraio; i *Saturnali*, l'uno con il capo cinto di un serto di fiori e l'altro con la capigliatura sconvolta dal vento, marzo e aprile; *La trebbiatura del grano* con i cavalli, luglio; *La riparazione della botte*, agosto; *La vendemmia*, settembre; *La raccolta delle rape*, novembre; *La raccolta della frutta*, giugno od ottobre. Il *Cavaliere andante*, scultura a tutto tondo posta al centro della saletta, potrebbe anche essere estraneo al ciclo decorativo: alcuni hanno voluto riconoscervi Guglielmo II degli Adelardi, promotore della fondazione della cattedrale. Tuttavia il raffronto con altri cicli dei Mesi (per esempio quello di Arezzo) induce a identificarlo nel mese di maggio, periodo dell'anno che nel Medioevo coincideva con lo svolgimento dei tornei, con l'inizio delle operazioni militari e con l'organizzazione delle crociate.
Sempre da una delle colonne in-

In alto, il Miracolo della Messa, particolare di un arazzo con Storie di San Maurelio tessuto su cartone del Garofalo. A fianco e sopra, La decapitazione di San Maurelio, particolari di un arazzo con le Storie di San Maurelio, datato 1553.
Nel XVI secolo le arazzerie estensi (cui collaborarono anche personalità provenienti dall'estero, quali, come in questo caso, il fiammingo Giovanni Karcher) godevano di grande fama.

A fianco, i Santi Cosma e Damiano, sculture appartenenti al prospetto di un'arca funebre (metà del Duecento ca.).
Sotto, l'Unicorno e l'Agnello mistico, formelle del primitivo pulpito della cattedrale (XIII secolo). Sulla complessa iconografia della prima formella sono state avanzate numerose interpretazioni.

feriori del portale dei Mesi proviene l'eccezionale capitello a cesto in cui sono raffigurate, con girevole sequenza narrativa, la *Cena di Erode*, la *Danza di Salomè* e la *Decollazione del Battista*. L'analisi stilistico-formale del capitello ha indotto a escluderne l'attribuzione al Maestro dei Mesi di Ferrara e a ipotizzare l'esistenza di una personalità artistica autonoma, il "Maestro del capitello del Battista", attivo intorno al terzo decennio del Duecento.

Tornando nel salone e proseguendo il percorso, si vede una formella a bassorilievo raffigurante *Eva filatrice con Caino e Abele*; proviene dall'architrave istoriato con Storie dell'Antico Testamento del portale originario, detto poi "dei Mesi", e fu realizzata dalla bottega di Niccolò (XII secolo).

All'inizio della parete sinistra è collocata una lastra marmorea con *raffigurazione simbolica*, mancante della parte sinistra; doveva appartenere alla faccia posteriore di un sarcofago di grandi dimensioni. Il frammen-

A fianco, due formelle del Maestro dei Mesi di Ferrara raffiguranti rispettivamente La potatura e la preparazione delle carni suine (allegoria del mese di febbraio), e La vendemmia (settembre). In basso a sinistra, il celebre capitello con il particolare della Cena di Erode, del cosiddetto Maestro del Capitello del Battista. Sotto, il Cavaliere andante, probabile raffigurazione allegorica del mese di maggio, realizzato dal Maestro dei Mesi.

Jacopo della Quercia, la Madonna della Melagrana. La scritta ottocentesca incisa sul basamento di questa splendida opera dell'artista toscano – detta anche "Madonna del Pane" dalla pagnottella di tipica fattura ferrarese che il bambino Gesù stringe nella sinistra – riporta una datazione erronea: la scultura, infatti, era già compiuta nel gennaio 1407.

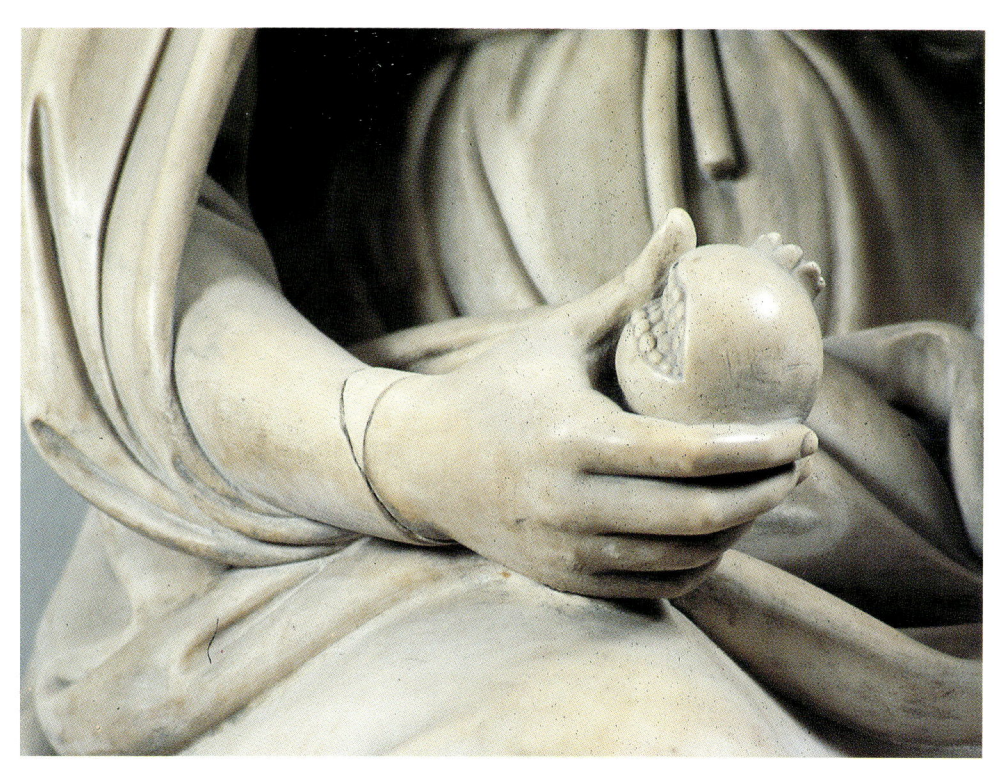

to, dal rilievo piuttosto basso, proviene da Ravenna e risale alla fine del V secolo.

Proseguendo, sulla stessa parete si trovano alcune figurine di santi, di diversa epoca e fattura, provenienti da sarcofagi demoliti. Le più importanti sono quelle di *San Giorgio*, di *San Giacomo Maggiore*, di *San Giovanni Evangelista* e di *Sant'Antonio abate*, attribuite ai Lombardi, scultori veneti; facevano parte di una tomba gentilizia che sorgeva nella chiesa di San Domenico.

Al centro del lato sinistro del salone si erge la celebre *Madonna della melagrana*, di Jacopo della Quercia. La scritta del basamento, GIACOMO DA SIENA 1408, fu aggiunta nell'Ottocento; giusta è l'attribuzione, ma non la data, in quanto la statua, eseguita per la cappella Silvestri in cattedrale, era già compiuta nel gennaio 1407. Fatica giovanile del grande scultore senese, questa Vergine dimostra come l'artista mirasse "a fare della forma un nucleo solido in cui si condensa e da cui si irradia la luce" (N. Rondelli), non rinunciando a dare all'unità un movimento continuo nella circolarità delle pieghe, nell'aprirsi delle ginocchia, nell'ergersi del bambino come corpo stesso della madre. Quasi contemporanea alla stupenda tomba di Ilaria del Carretto nel Duomo di Lucca, la statua si ricollega, nell'impianto classicamente monumentale, al plasticismo di Giovanni Pisano. Nella tradizione locale questa scultura è conosciuta anche con il nome di *Madonna del Pane*, per la pagnottina dalla tipica forma locale che il Bambino stringe nella sinistra.

Alla decorazione della cappella Silvestri apparteneva anche la straordinaria figuretta in alabastro di *San Maurelio vescovo*, dai dati fisionomici fortemente individuati e dalla sorprendente energia vitale. Attribuita costantemente a Jacopo della Quercia, la statua fu eseguita con ogni probabilità dopo il 1425, anno in cui il senese era presente a Bologna per i lavori del portale maggiore di San Petronio.

Importante frammento del di-

Jacopo della Quercia, Madonna della Melagrana (detta anche "del Pane"), particolare.

Statua in alabastro raffigurante San Maurelio vescovo. Quest'opera, dai tratti fortemente caratterizzati e ricca di contenuta energia, è tradizionalmente attribuita a Jacopo della Quercia.

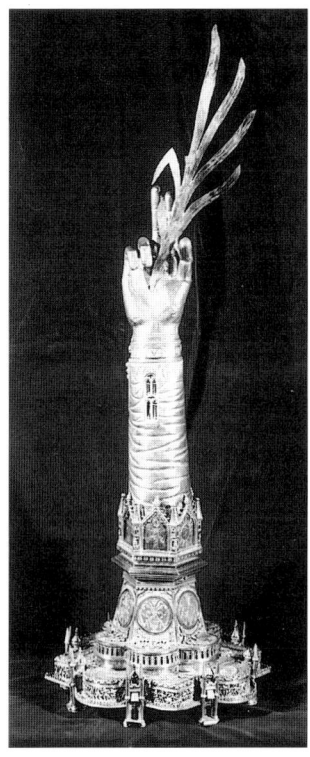

A fianco, da sinistra a destra, Braccio di San Giorgio e Braccio di San Maurelio, reliquari in argento sbalzato e cesellato. Il primo, opera di Bartolomeo a Relogio, è datato 1388, mentre il secondo, eseguito nello stesso stile da Simone di Giacomo di Alemagna, risale al 1455. Sotto, la testa della Vergine, frammento di mosaico proveniente dal distrutto arco trionfale del presbiterio (1135), opera di maestranze bizantino-ravennati.

strutto arco trionfale del presbiterio con mosaici del 1135 è la *testa della Vergine*, qui esposta in una impropria cornice barocca. Le tessere, composte su fondo oro da maestranze bizantino-ravennati, presentano una gamma cromatica decisa, capace di conferire una certa immediatezza espressiva al volto giovanile della Vergine.

Da un altare dell'antico duomo proviene la tavola raffigurante la *Vergine col Bambino in trono*, firmata DOMINICVS PANETVS (Domenico Panetti). Il dipinto, che presenta ai lati del trono le figurine inginocchiate dei donatori, un canonico e un cardinale, è certo una delle opere più significative del Panetti, che dovette eseguirla nei primissimi anni del Cinquecento.

Nell'armadio di noce, all'estremità del percorso sinistro, è conservata una grande *Croce reliquaria* con le Spine della Passione, in cristallo di rocca, quarzo, argento e rame dorato: questo vero capolavoro di oreficeria fu compiuto nel 1437 da Cabrino Notai da Cremona. Affiancano la croce i reliquari dei santi protettori di Ferrara: a sinistra il *Braccio di san Giorgio*, in argento sbalzato e cesellato, reca incisa nel motivo architettonico in stile gotico della base la data 1388, ed è opera dell'orafo Bartolomeo a Relogio; a destra il *Braccio di san Maurelio*, sempre in argento sbalzato e cesellato, fu eseguito nel 1455, a imitazione del precedente, da Simone di Giacomo di Alemagna.

Al centro del salone sono conservati, in apposite vetrine, ventidue *libri corali*, *graduali* e *antifonari*, di notevole dimensione, mirabilmente miniati per il duomo in un lungo arco di tempo che va dal 1477 al 1535. All'eccezionale complesso, frutto della migliore produzione della fiorente scuola miniaturistica ferrarese, lavorarono in modo unitario diversi artisti: i francescani fra Evangelista da Reggio e fra Evangelista Tedesco, Giovanni Vendramin da Padova, Andrea e

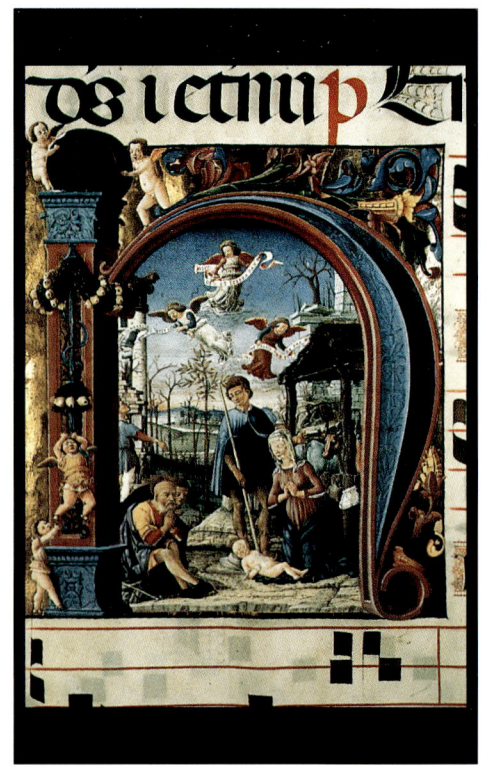

Qui sopra, una carta miniata dell'*Antifonario X*, opera di Jacopo Filippo Argenta; all'interno della lettera iniziale è raffigurato il tema di San Giorgio che uccide il drago. L'Argenta, eccellente miniatore, collaborò con il Crivelli alla realizzazione della Bibbia di Borso d'Este e si ispirò soprattutto all'arte del grande Cosmè Tura.
A destra, particolare dell'iniziale di una carta miniata dell'*Antifonario III* raffigurante l'Adorazione dei pastori, realizzata da Giovanni Vendramin.

Cesare delle Veze, don Sigismondo da Fiesso, don Paolo Conchella, don Francesco Bisucci, don Ambrogio da Cremona; i più notevoli sono Martino di Giorgio da Modena, il migliore per il modellato armoniosamente decorativo e per la pastosità del colore più acceso, e soprattutto Jacopo Filippo Argenta.
Due corali più piccoli, un *innario* e un *salterio*, datati 1472 e firmati da Ludovico Raimondi da Parma, sono gli unici superstiti di un nucleo più antico, che doveva contenere anche alcuni codici trascritti da fra Giovanni da Lucca, francescano. I due corali sono miniati da Guglielmo Giraldi, decoratore anche dei corali e della "Bibbia della Certosa" di Ferrara conservati nel Museo d'Arte Antica di Schifanoia.
Uscendo dal museo ci si imbatte nei preziosi *busti reliquari*, in argento cesellato e sbalzato, di *San Giorgio* e di *San Maurelio*. Sul basamento di quest'ultimo, eseguito su commissione del cardinale Ruffo, che lo donò alla cattedrale, sono visibili la data 1725 e il bollo dell'incisore bolognese Zanobio Troni; il busto di San Giorgio è invece opera di un argentiere milanese, che lo realizzò nel 1600, anno in cui il cardinal Fontana portò da Roma le reliquie del santo. Per uniformare le dimensioni dei due reliquari lo stesso Zanobio Troni aggiunse al San Giorgio l'attuale basamento.

*A fianco, busto reliquario in argento di San Giorgio, realizzato nel 1600 da un artigiano milanese e da Zanobio Troni, che vi aggiunse l'attuale basamento.
Sotto, il busto reliquario di San Maurelio, sempre in argento, opera di Zanobio Troni (1725). Eseguito su commissione del cardinale Ruffo, fu da questi donato alla cattedrale.*

Cronologia

1132. A Pisa, il 30 settembre, papa Innocenzo II consegna al vescovo Landolfo, ai consoli e al popolo di Ferrara il Breve di concessione per l'erezione del nuovo duomo.
1133-1136. Il cantiere per l'edificazione della nuova cattedrale è già stato aperto e i lavori intrapresi.
1135. È questo l'anno indicato dai versi leonini, scolpiti sulla facciata dell'avancorpo: ANNO MILLENO (U)NOCENTENO / QUINQUE SUPERLATIS / TER QUOQUE DENO / STRUITUR DOMUS HEC PIETATIS. L'Episcopato viene traslato dalla chiesa di San Giorgio nel nuovo duomo.
1136. Si compie una permuta di terreno tra i canonici e i monaci di San Romano per l'ampliamento del cantiere della cattedrale.
1147. Un documento testamentario, redatto in data 4 agosto, lascia supporre che i lavori della nuova cattedrale sono ancora in corso.
1149. Una sentenza del vescovo Grifone, del 22 febbraio, è il primo atto che risulta emanato nel duomo nuovo.
1173. Lungo la facciata meridionale viene collocata un'epigrafe marmorea monumentale con gli *Statuti* del Comune di Ferrara.
1177. L'8 maggio, in occasione del passaggio di papa Alessandro III a Ferrara, viene solennemente consacrato l'altar maggiore della nuova cattedrale.
1187. Muore a Ferrara Urbano III e il 21 ottobre, in cattedrale, è eletto papa Gregorio VIII.
1222. Sotto la direzione di maestro Tigrino, con largo impiego di marmi bianchi e colorati, si intraprende la pavimentazione delle navate.
1230 (ca.). Il Maestro dei Mesi di Ferrara completa il grandioso portale al centro del fianco meridionale, con cicli di formelle raffiguranti i Mesi.
1250 (ca.). La critica più recente fa risalire a questo periodo la decorazione in altorilievo, con il *Giudizio universale*, nel timpano che sovrasta la loggia sul protiro del portale maggiore in facciata.
1266. A causa della forte umidità la pavimentazione messa in opera da maestro Tigrino viene rialzata al di sopra del piedistallo delle colonne.
1327. Il Giudice dei Savi ottiene licenza di costruire in legno le botteghe dei merciai lungo il fianco meridionale.
1332. Le botteghe dei merciai sono distrutte da un incendio e si inizia a ricostruirle in muratura.
1341. Viene completata l'edificazione della parte estrema della tribuna.
1393. Il Comune di Ferrara fa collocare sulla facciata la *statua di Alberto d'Este*, per commemorare i privilegi da lui ottenuti da papa Bonifacio IX, tra i quali la bolla di erezione dell'Università.
1407. Jacopo della Quercia termina la statua della *Madonna della melagrana* per la cappella Silvestri.
1412. Per volontà di Nicolò III d'Este si intraprende la costruzione della torre campanaria.
1451-1453. Nicolò Baroncelli e Domenico di Paris realizzano le cinque statue di bronzo, il *Crofifisso*, *Maria Vergine*, *San Giovanni*, *San Giorgio* e *San Maurelio*, oggi sull'altare del Crocifisso.
1453. Il Crocifisso ligneo che oggi si vede sul terzo altare della navata sinistra viene tolto dall'architrave davanti all'altar maggiore per lasciar posto alle sculture di Nicolò Baroncelli e di Domenico di Paris.
1456. L'altar maggiore è spostato indietro di un paio di metri e subisce modifiche e restauri.
1458. Termina la costruzione del primo ordine del campanile.
1465. Fra' Giovanni da Mercadello comincia a costruire l'organo da collocare nella navata maggiore.
1466. Termina l'erezione del secondo ordine del campanile.
1469. Cosmè Tura dipinge le ante per l'organo con la rappresentazione dell'*Annunciazione* e del *San Giorgio e la principessa*.
1470. Il nuovo organo con le portelle del Tura viene collocato sot-

telle del Tura viene collocato sotto l'ottavo arco della nave maggiore.
1472. Guglielmo Giraldi minia alcuni *libri corali* a uso dei canonici (ne rimangono due nel Museo della Cattedrale).
1473. Sul fianco meridionale, nel tratto fra la "Porta dei Mesi" e il campanile, viene chiusa la Porta dello Staro.
1477-1535. Numerosi miniatori partecipano alla realizzazione dei *libri corali* di dimensioni atlantiche, oggi conservati nel Museo della Cattedrale.
1479. Si comincia a costruire in marmo la *Loggia dei Merciai*, lungo il fianco meridionale.
1490. Viene portato a compimento il terzo ordine del campanile.
1492. Domenico di Paris viene incaricato di eseguire un modello per il compimento del campanile.
1498. Il 15 maggio iniziano i lavori per la nuova abside progettata da Biagio Rossetti. I lavori termineranno nel 1500.
1499. Le statue di bronzo realizzate da Nicolò Baroncelli e da Domenico di Paris vengono poste su un architrave di legno davanti all'altar maggiore.
1500. L'altar maggiore è arretrato di qualche metro per la seconda volta.
1501-1524. I Canozi di Lendinara realizzano gli stalli del coro ligneo per la nuova abside rossettiana.
1507. Cristoforo Borgognoni e Pietro Martire Rasconi preparano l'iconostasi marmorea per collocarvi le statue bronzee di Nicolò Baroncelli e Domenico di Paris. Viene pavimentato il nuovo coro rossettiano.
1515. Nel quinto arco a destra della nave mediana viene eretto un pulpito marmoreo con marmi di recupero (in parte conservati nel Museo della Cattedrale).
1524. Benvenuto Tisi da Garofalo data la tavola con *La Madonna col Bambino e i Santi Silvestro, Maurelio, Girolamo e Giovanni*, collocata sul quinto altare della navata sinistra.
1531-1533. Ludovico da Brescia e Luchino di Francia realizzano la cattedra vescovile al centro del coro ligneo.
1551-1553. Su disegno di Camillo Filippi e del Garofalo, il fiammingo Giovanni Karcher esegue gli otto arazzi con le *Storie di San Maurelio e di San Giorgio*, oggi nel Museo della Cattedrale.
1570. Un violento terremoto si abbatte sulla città, provocando gravi danni alle strutture della basilica.
1576. Il pittore Domenico Mona dipinge la pala con la *Pietà e Angeli* per la sacrestia dei Canonici (oggi collocata nel Museo della Cattedrale).
1577-1580. Il Bastianino dipinge nel catino dell'abside il grandioso affresco con il *Giudizio universale*.
1580. L'architetto ducale Giovan Battista Aleotti è nominato direttore dei lavori di costruzione del quarto ordine del campanile.
1583-1584. Sotto la direzione dell'architetto Alberto Schiatti, Agostino Rossi e Vincenzo Bagnoli decorano di stucchi la curvatura muraria absidale.
1590. Il vescovo Giovanni Fontana decide di ridurre il numero degli altari lungo le fiancate laterali.
L'immagine della *Madonna della Colonna* viene fatta segare dalla sua collocazione originaria per essere trasportata nella cappella del SS. Sacramento.
1598. Dopo alterne vicende, i lavori di completamento del campanile vengono definitivamente interrotti.
1601. A commemorazione del ritorno della città di Ferrara sotto il dominio pontificio, sulla parte mediana della campata sinistra della facciata vengono collocati la lapide e il busto bronzeo di Clemente VIII.
1636-1637. Su incarico del cardinale Magalotti, l'architetto ravennate Luca Danesi modifica la crociera del transetto.
1675. Vengono tolti altri altari secondari e l'interno del duomo è tinteggiato di bianco.
1678. Il cardinale Cerri fa ridurre «alla romana» l'altar maggiore e le statue in bronzo dell'iconostasi sono trasportate su un apposito altare, realizzato nel braccio destro del transetto da Carlo Pasetti.
1712. Il cardinale Dal Verme ordina il completo rifacimento dell'interno dell'antico duomo e affida i lavori all'architetto Francesco Mazzarelli.
1713. Si espone all'approvazione pubblica il modello ligneo del rifacimento interno della cattedrale.
1715. Viene terminata la zona della crociera. Il 21 aprile, giorno di Pasqua, si apre al pubblico la terza parte della basilica verso il coro.
1716. Il 28 luglio si comincia a demolire l'antico pulpito marmoreo. Si intraprende la ricostruzione della cappella del SS. Sacramento, completata nel 1717.
1717. Dopo una lunga interruzione per mancanza di fondi riprendono i lavori di rifacimento dell'interno del duomo, affidati all'architetto Vincenzo Santini.
Si decide di murare la «Porta dei Mesi».
1720. L'architetto Agapito Poggi ricostruisce l'altare della Madonna delle Grazie. Il veronese Ringhieri realizza l'altare marmoreo nella cappella del SS. Sacramento. Si comincia ad adornare con le sculture dei santi le nicchie aperte nelle cappelle laterali e nei pilastri mediani; la sistemazione sarà completata nel 1746.
1727. Nel mese di maggio il cardinale Ruffo fa demolire l'altar maggiore per costruire uno più conforme al gusto dell'epoca.
1728. Il 15 settembre il cardinale Ruffo consacra la cattedrale finalmente rinnovata.
1731. Si costruisce un nuovo organo, in parte con le antiche canne, e lo si colloca nelle nuove cantorie realizzate su disegno di A. Poggi, con intagli di Cassiano Oler.
1734. L'affresco con l'immagine della *Madonna delle Grazie* viene fatto tagliare da un muro interno di facciata, per essere collocato sul nuovo altare edificato dal Poggi.
1735. Il 27 luglio la cattedrale di Ferrara è nominata sede arcivescovile. Le portelle dell'organo dipinte dal Tura sono rimosse,

restaurate dal pittore Giovan Battista Cozza e appese ai muri laterali del coro. Stefano Torelli dipinge la pala con *San Filippo Neri in estasi* per il secondo altare a destra. Felice Torelli realizza il monumentale *Martirio di San Maurelio* sull'altare della crociera mediana, a destra. Ercole Graziani esegue la grandiosa *Decapitazione di San Giorgio* per l'altare della crociera mediana a sinistra. Mattia Bortoloni dipinge il *Miracolo di San Tommaso d'Aquino* per il sesto altare, a sinistra.

1736. La "Porta dei Mesi", al centro del fianco meridionale, viene interamente demolita. Il cardinale Ruffo ordina di rimuovere le botteghe dei merciai addossate alla facciata della cattedrale.

1745. Da Carrara giungono a Ferrara i due *Angeli* acquasantiera realizzati dai fratelli Vaccà.

1746. Nelle nicchie a lato del portale maggiore trovano posto le statue di *San Giorgio* e di *San Maurelio*, scolpite da Giovanni Marchiori. L'immagine della *Madonna della Colonna* viene collocata sul sesto altare a destra.

1759. Pietro Puttini costruisce l'altare marmoreo della Madonna Addolorata.

1771. Negli oculi aperti sulle pareti del transetto il cardinale Riminaldi fa sistemare il *Cristo benedicente* e i *Dodici Apostoli*, busti in terracotta di Alfonso Lombardi.

1829. Per ragioni di staticità l'architetto comunale Giovanni Tosi sostituisce i leoni e i telamoni stilofori del protiro della facciata con copie di maggiori dimensioni.

1839-1840. L'interno del duomo viene restaurato e imbiancato.

1845. Dopo la costruzione delle prime tre arcate, iniziata nel 1844, i lavori di ristrutturazione della Loggia dei Merciai, progettati da Giovanni Tosi, vengono sospesi.

1846. Sul lato sinistro della facciata, sopra la lapide marmorea commemorativa, si ricolloca il busto bronzeo di Clemente VIII, asportato durante l'occupazione francese.

1850. Il pittore Gregorio Boari restaura l'affresco con il *Giudizio universale* dipinto dal Bastianino.

1860. Antonio Boldini è incaricato dal Capitolo metropolitano di restaurare alcuni dipinti, tra cui la pala del Francia.

1875. Luigi Crivellucci progetta in stile neogotico la cappella del Battistero, dove viene trasportato il fonte battesimale.

1878. L. Samoggia e A. Guardassoni affrescano la cappella della Madonna delle Grazie.

1879. Il pittore Prospero Piatti esegue il *Battesimo di Gesù nelle acque del Giordano* per la cappella del Battistero.

1880-1890. L'interno della cattedrale viene interamente decorato e affrescato.

1924. Durante il rifacimento della pavimentazione dell'atrio tornano alla luce alcune formelle della "Porta dei Mesi" (oggi conservate nel Museo della Cattedrale). Il piano della piazza antistante alla facciata del duomo viene abbassato per essere riportato il più possibile al livello originario.

1925. Carlo Sinigallia dona al Capitolo metropolitano i leoni e i telamoni stilofori originali del protiro niccoliano della cattedrale. Sono collocati nell'atrio, ai lati del portale maggiore.

1929. Il 27 novembre, presenti il cardinale Nasali Rocca, arcivescovo di Bologna e Amministratore apostolico dell'Arcidiocesi di Ferrara, il podestà Renzo Ravenna e il gerarca Italo Balbo in rappresentanza del governo, viene inaugurato il Museo della Cattedrale.

1935-1936. In occasione dei solenni festeggiamenti per l'VIII centenario della fondazione della cattedrale, si rinnova l'interessamento della storiografia e della critica per il massimo monumento cittadino, che comincia a essere sottoposto a una serie di interventi di restauro.

Bibliografia

Fonti manoscritte (Ferrara, Biblioteca Comunale Ariostea)
Anonimo, *Descrizione della Cattedrale di Ferrara*, sec. XVIII, ms., Antonelli 39.
Baruffaldi, N., *Annali di Ferrara*, 1660-1720 ca., ms., Antonelli 594.
Brisighella, C., *Descrizione delle pitture e sculture che adornano le Chiese et oratorj della Città di Ferrara*, 1704- 1735 ca., ms. I 429.
Olivi, C., *Descrizione cronologica delle Chiese di Ferrara*, sec. XIX, ms. I 716.
Scalabrini, G.A., *Descrizione cronologica delle Chiese di Ferrara*, sec. XVIII, ms. I 26.
Id., *Guida per la Città e Borghi di Ferrara in cinque giornate*, sec. XVIII, ms. I 58.
Id., *Notizie della Santa Chiesa di Ferrara*, sec. XVIII, ms. I 389.
Id., *Memorie della Cattedrale di Ferrara*, sec. XVIII, ms. I 447.
Zerbinati, F., *Annali delle cose più notabili occorse alla città di Ferrara... dall'anno 1597*, sec. XVII, ms. Antolini 146.

Opere a stampa
Guarini, M.A., *Compendio historico... delle Chiese e luoghi pii della Città e Diocesi di Ferrara*, Ferrara, 1621.
Barotti, C., *Pitture e sculture che si trovano nelle Chiese, luoghi pubblici e sobborghi della Città di Ferrara*, Ferrara, 1770.
Scalabrini, G.A., *Memorie istoriche delle Chiese di Ferrara e de' suoi Borghi*, Ferrara, 1773.
Barotti, L., *Serie dei Vescovi ed Arcivescovi di Ferrara*, Ferrara, 1781.
Cittadella, C., *Catalogo istorico de' pittori e scultori ferraresi*, Ferrara, 1782-83.
Frizzi, A., *Memorie per la storia di Ferrara*, Ferrara, 1791-1809.
Manini Ferranti, G., *Compendio della storia sacra e politica di Ferrara*, Ferrara, 1808.
Baruffaldi, G., *Vite de' pittori e scultori ferraresi*, Ferrara, 1844-46 (la redazione dell'opera risale al periodo 1697-1722 ca.)
Agnelli, G., *Documenti risguardanti i libri corali del Duomo di Ferrara*, in Gualandi, M. (a cura di), "Memorie originali italiane risguardanti le Belle Arti", serie VI, 1845.
Canonici, F. *Sulla cattedrale di Ferrara - Cenno storico e studi d'Arte*, Venezia, 1845.
Cittadella, L.N., *Documenti ed illustrazioni riguardanti la storia artistica ferrarese*, Ferrara, 1868.
Id., *Notizie amministrative, storiche, artistiche, relative a Ferrara, ricavate da documenti ed illustrate*, Ferrara, 1868.
Cavallini, G., *Descrizione del Duomo di Ferrara e succinta narrazione del culto prestato dai ferraresi a Maria Santissima delle Grazie*, Ferrara, 1879.
Castagnoli, G., *Il Duomo di Ferrara*, Ferrara, 1895.
Gruyer, G., *L'art ferrarais à l'époque des princes d'Este*, Paris, 1897.
Antonelli, G., *Documenti risguardanti i libri corali e le statue di bronzo del Duomo di Ferrara*, Ferrara, 1899.
Reggiani, G.G., *I portali di Ferrara nell'arte*, Ferrara, 1907.
Agnelli, G., *Ferrara - Porte di chiese, di palazzi, di case*, Bergamo, 1909.
Kingsley Porter, A., *Lombard Architecture*, London, 1917.
Agnelli, G., *Guida al Museo della Cattedrale di Ferrara*, Ferrara, 1929.
Sautto, A., *Il Duomo di Ferrara*, Ferrara, 1934.
AA.VV., *La Cattedrale di Ferrara*, Nella ricorrenza delle manifestazioni celebrative dell'VIII Centenario della Cattedrale poste sotto il patrocinio della Reale Accademia d'Italia, Verona, 1937.
Zucchini, G., "Note inedite sulla trasformazione del Duomo di Ferrara", in *Atti del II Convegno nazionale di Storia dell'Architettura (Assisi, 1937-XV)*, Roma, 1939, pp. 117- 122.
Krautheimer-Hess Th., *The original Porta dei Mesi at Ferrara and the Art of Niccolo*, in "The Art Bulletin", XXVI (1944), pp. 152-174.
Sorrentino, A. - Gnudi, C., *Restauro delle ante d'organo di Co-*

smè *Tura della cattedrale di Ferrara*, in "Bollettino d'Arte", III (1948), pp. 262-265.

De Francovich, G., *Benedetto Antelami, architetto e scultore, e l'arte del suo tempo*, Milano, 1952.

Jullian, R., *Les sculpteurs romans de l'Italie Septentrionale*, Paris, 1952.

Valentiner, W.R., *Il Giudizio finale della cattedrale di Ferrara*, in "Critica d'Arte", 2 (1954), pp. 119-124.

Padovani, G., *Architetti ferraresi*, Rovigo, 1955.

Salmi, M., *Cosmè Tura*, Milano, 1957.

Medri, G., *La scultura a Ferrara*, Ferrara, 1958.

Ruhmer, E., *Cosimo Tura*, London, 1958.

Salmi, M., *Pittura a miniatura a Ferrara nel primo Rinascimento*, Ferrara, 1961.

Arcangeli, F., *Il Bastianino*, Milano, 1963.

Rondelli, N., *Jacopo della Quercia a Ferrara*, in "Bollettino Senese di Storia patria", anno LXXI, 11 (1964), pp. 131-142.

Felisatti, V., *Guida alla Basilica Cattedrale di Ferrara*, Ferrara, 1970.

Frabetti, G., *Manieristi a Ferrara*, Milano, 1972.

AA.VV., *Jacopo della Quercia nell'arte del suo tempo*, catalogo, Firenze, 1975.

Zamboni, S., *Pittori d'Ercole I d'Este*, Milano, 1975.

Gnudi, C., *La lunetta di San Mercuriale di Forlì e il Maestro dei Mesi di Ferrara*, in "Paragone" 317-319 (1976), pp. 3-18.

Cecchelli, M., *La scultura a Ferrara nel Settecento*, in "La Pianura", 3-4 (1976), pp. 77-82 e pp. 107-122; 1-2-4 (1977), pp. 57-66, 68-75 e 106-119.

Frabetti, G., *L'autunno dei manieristi*, Bergamo, 1978.

Giovannucci Vigi, B., *La cattedrale di Ferrara - Guide de "La Pianura"*, inserto in "La Pianura", 1 (1979).

Peverada, E., "Appunti intorno al culto mariano nella cattedrale di Ferrara", in *Celebrazioni per il secondo centenario dell'Incoronazione della Beata Vergine delle Grazie, patrona principale della Città e Arcidiocesi di Ferrara, 1779-1979*, Rovigo, 1979.

Mezzetti, A. - Mattaliano, E., *Indice ragionato delle "Vite de' pittori e scultori ferraresi" di Gerolamo Baruffaldi*, Bergamo, 1980-83.

Giovannucci Vigi, B., *Il Museo della cattedrale di Ferrara - Breve guida*, Ferrara, s.d. (ma 1981).

Peverada, E., *Suppellettile liturgica nella Cattedrale di Ferrara in un inventario del 1462*, Rovigo, 1981.

Forti Grazzini, N., *Arazzi a Ferrara*, Milano, 1982.

Giovannucci Vigi, B., Schede firmate in AA.VV., *Libri manoscritti e a stampa da Pomposa all'Umanesimo*, Venezia, 1982.

AA.VV., *La cattedrale di Ferrara*, Atti del Convegno nazionale di studi storici organizzato dall'Accademia delle Scienze di Ferrara, Ferrara, 1982.

Samoggia, L., *Un progetto illuministico per il campanile del duomo di Ferrara*, in "Bollettino annuale dei Musei Ferraresi", 9-10 (1979-1980), Firenze, 1982, pp. 77-87.

Giovannucci Vigi, B., *Jacopo Filippo Argenta, il maggior miniatore dei Corali della Cattedrale di Ferrara*, in "La Bibliofilia", LXXXV (1983), pp. 201-222.

Quintavalle, A.C., Introduzione ad AA.VV., *Romanico mediopadano - Strada, città, ecclesia*, Parma, 1983.

AA.VV., *L'arte sacra nei Ducati Estensi*, Atti della II settimana dei Beni storico-artistici della Chiesa nazionale negli Antichi Ducati Estensi (Ferrara, 13-18 settembre 1982), Ferrara, 1984.

Giovannucci Vigi, B., *Due libri corali del 1472 nel Museo della Cattedrale di Ferrara*, in "Bollettino di notizie e ricerche da Archivi e Biblioteche del Comune di Ferrara", 6 (1984), pp. 21-26.

Bentini, J. (a cura di), *San Giorgio e la principessa di Cosmè Tura. Dipinti restaurati per l'Officina ferrarese*, Bologna, 1985.

Romanini, A.M. (a cura di), *Nicholaus e l'arte del suo tempo*, Ferrara, 1985.

Andreotti, A., *Il Maestro dei Mesi*, Padova, 1987.

Gandolfo, F., "Il romanico a Ferrara e nel territorio: momenti e aspetti per un essenziale itinerario architettonico e scultoreo", in AA.VV., *Storia di Ferrara*, vol. V, Ferrara, 1987, pp. 376-387.

Giovannucci Vigi, B., *Il Museo della Cattedrale di Ferrara - Catalogo generale* (introd. di A. Emiliani), Bologna, 1989.

Tubi, C., *La cattedrale pitagorica - Geometria e simbolismo nel duomo di Ferrara*, Ferrara, 1989.

Bagatin, P.L., *La tarsia rinascimentale a Ferrara - il coro di Sant'Andrea*, Firenze, 1991.

Giovannucci Vigi, B., *Ferrara: Chiese - Palazzi - Musei*, Bologna, 1991.

Novelli, M.A. (a cura di), *Descrizione delle pitture e sculture della città di Ferrara di Carlo Brisighella (sec. XVIII)*, edizione a stampa, Ferrara, 1991.

Indice degli artisti

Albenga Giorgio (Trino di Monferrato ?-Ferrara 1604) 14
Alberti Leon Battista (Genova 1406-Roma 1472) 9, 19
Aleotti Giovan Battista (Argenta 1546-Ferrara 1636) 19
Antonio da Ferrara (attivo nella seconda metà del XIV secolo) 35
Argenta Jacopo Filippo (attivo nella seconda metà del XV secolo) 50

Bagnoli Vincenzo (Reggio Emilia, attivo nella seconda metà del XVI secolo) 30
Barbieri Giovan Francesco (vedi Guercino)
Baroncelli Giovanni (Firenze ? - attivo nella prima metà del XV secolo) 28
Baroncelli Nicolò (Firenze ? - Ferrara 1453) 9, 28
Bastarolo (Ferrara 1536 ca.-1589) 19
Bastianino (Ferrara 1532 ca.-1602) 24, 30, 33
Benvenuti Giovan Battista (vedi Ortolano)
Benvenuti Pietro degli Ordini (Ferrara ?-1483) 18, 29
Boari Gregorio (Ferrara ? 1795-1865) 54
Boldini Antonio (Spoleto 1799 - Ferrara 1872) 54
Bongiovanni Giulio (?Ferrara 1606) 30
Bortoloni Mattia (San Bellino 1696 - Milano 1750) 37

Caletti Giuseppe, detto il Cremonese (Ferrara 1600 ca.-dopo il 1660) 32
Canozi Bernardino e Daniele (Lendinara, attivi nella seconda metà del XV secolo) 28, 29
Cozza Giovan Battista (Milano 1676 - Ferrara 1742) 40, 41
Crivellucci Luigi (attivo nella seconda metà del XIX secolo) 38

Da Carpi Girolamo (Ferrara 1501-1556) 40
Dal Sole, Gian Gioseffo (1654-1719) 25
Danesi Luca (Ravenna 1598 - Ferrara? 1672) 21, 27
De' Putti Angelo (Padova, attivo intorno alla metà del XVIII secolo) 24
Della Quercia Jacopo (? 1371-75 ca. - Siena 1438) 46, 47, 48, 49
Dielaì (Ferrara ?-1590) 25
Domenico di Paris (Padova, attivo intorno alla metà del XV secolo) 9, 28
Dosso (? 1489 ca. - Ferrara 1542) 40

Fabbri Ulderico (Marara 1897 - Ferrara 1970) 28
Ferreri Andrea (Milano 1673 - Ferrara 1744) 23, 24, 25, 26, 32, 35, 37
Ferreri Giuseppe (Bologna 1721 - Ferrara 1789) 24, 26, 34, 35, 37
Filippi Camillo (Ferrara 1500 ca. - 1574) 41
Filippi Sebastiano (vedi Bastianino)
Foschini Antonio (Venezia 1741 - Ferrara 1813) 40
Francia Francesco (Bologna 1450 ca. - 1518) 34
Frisoni Gabriele (Mantova, attivo fine XV secolo e inizio XVI secolo) 18, 19

Garofalo (Garofalo 1481 - Ferrara 1559) 22, 35, 36, 41, 43
Gelasio di Nicolò della Masnada (Ferrara, attivo nel XIII secolo) 26
Ghedini Giuseppe Antonio (Ficarolo, Rovigo 1707 - Ferrara 1791) 27
Giraldi Guglielmo (attivo tra il 1445 e il 1489) 50
Graziani Ercole (Bologna 1688-1765) 35
Guardassoni Alessandro (Bologna 1819-1888) 23
Guercino (Cento 1591 - Bologna 1666) 27

Karcher Giovanni (attivo nella prima metà del XVI secolo) 41, 43

Lombardi Alfonso (Ferrara 1497 - Bologna 1537) 27, 47
Luchino di Francia (attivo nella prima metà del XVI secolo) 28, 29
Ludovico da Brescia (attivo nella prima metà del XVI secolo) 28
Luteri Giovanni (vedi Dosso)

Maestro dei Mesi di Ferrara (attivo intorno alla metà del XIII secolo) 6, 43, 44, 45
Maestro del capitello del Batti-

sta (attivo intorno alla metà del XIII secolo) 44, 45, 46
Mantovani Alessandro (attivo nella seconda metà del XIX secolo) 22, 25, 35
Marchiori Giovanni (Belluno, attivo nel XVIII secolo) 22
Mazzarelli Francesco (notizie dal 1692 al 1731) 20, 21
Mazzuoli Giuseppe (vedi Bastarolo)
Michele da Firenze (notizie dal 1403 al 1443 ca.) 12
Mona o Monio Domenico (Ferrara 1550 ca. - Parma 1602) 40, 41
Monferrato Paolo (attivo nella seconda metà del XVI secolo) 30
Monti Virginio (Genzano, Roma 1852 - Roma 1942) 22, 23, 25, 35

Naselli Francesco (Ferrara ? - 1630 ca.) 32
Niccolò (vedi Nicholaus)
Nicholaus (attivo nel XII secolo) 7, 8, 11, 16, 20, 43, 44, 47

Oler Cassiano (Lucerna 1663 ? - Ferrara 1733) 28
Ortolano (Ferrara 1487 ca. - dopo il 1527).

Panetti Domenico (Ferrara 1460/70 ca. - 1513) 49
Parolini Giacomo (Ferrara 1663-1733) 26, 32
Pasetti Carlo (attivo intorno alla metà del XVII secolo) 28
Piatti Prospero (Ferrara 1840-1902) 38
Poggi Agapito (attivo nel XVIII secolo) 23, 28
Porri Filippo (Ferrara 1610 ca. - 1681) 32
Puttini Pietro (Verona, attivo intorno alla metà del XVIII secolo) 33

Raiboldini Francesco, detto il Francia (vedi Francia)
Rasconi fratelli (attivi intorno alla metà del XV secolo) 18, 19
Ringhieri Angelo (Verona, attivo nella prima metà del XVIII secolo) 26, 32
Roselli Nicolò (attivo a Ferrara dal 1547 al 1580) 35
Rossetti Biagio (Ferrara 1447 ca. - 1516) 18, 32
Rossi Agostino (Lugo, attivo nel secondo Cinquecento) 30

Samoggia Luigi (Bologna 1811-1904) 23
Sarti Lorenzo (Bologna, attivo intorno alla metà del XVIII secolo) 35
Scarsella Ippolito (vedi Scarsellino)
Scarsellino (Ferrara 1550 ca. - 1620) 25
Schiatti Alberto (attivo nella seconda metà del XVI secolo) 30
Sellari Girolamo vedi da Carpi
Surchi Giovan Francesco, detto Dielaì (vedi Dielaì)
Suzzi Filippo (Bologna 1702 ? - Ferrara 1755), 35

Tisi Benvenuto da Garofalo (vedi Garofalo)
Torelli Felice (Verona 1667 - Bologna 1748) 24
Torelli Stefano (Bologna 1712 - Pietroburgo 1784) 24, 25
Tosi Giovanni (Ferrara 1786-1855) 12, 16
Troni Zanobio (?-Bologna 1770) 50, 51
Tura Cosmè o Cosimo (Ferrara 1430 ca. - 1495) 40, 41, 42, 50
Turchi Alessandro (attivo nella seconda metà del XVIII secolo) 24, 26, 34, 35, 36
Turchi Luigi, detto il Turchetto (attivo intorno alla metà del XVIII secolo) 24
Turchi Pietro (Ferrara 1711-1781) 25, 26, 33, 34, 35, 36

Vaccà Andrea e Ferdinando (Carrara, attivi intorno alla metà del XVIII secolo) 22

Referenze fotografiche
Mario Berardi, Bologna
Foto Fast, Bologna
Fotoset di Sergio Fergnani,
Ferrara
Fototeca Musei civici d'Arte
antica, Ferrara
Foto dell'Autore
Pianta eseguita
dallo Studio MARGIL

Stampato per conto di Electa
dalla Fantonigrafica-Elemond Editori Associati